藤田康範
Fujita Yasunori

経済戦略のための
モデル分析入門

慶應義塾大学出版会

目次

本書の使い方　v

▌序　章　俯瞰して掘り下げる技術　1
1. 俯瞰する技術（1）——全景的俯瞰　3
2. 俯瞰する技術（2）——分解による俯瞰　14
3. 掘り下げる技術　24
4. 掘り下げから俯瞰へ　39
5. 情報の整理から戦略の選択肢の抽出へ　45

▌第1章　モデル分析思考入門　53
1. 分析の課題を定める　55
2. 分析の枠組みを定める　57
3. 分析の枠組みを数式で表現する　62
4. 制約条件付き最適化問題として定式化する　67
5. 解を導出する　73
6. 解の性質を考察する　75
7. 分析結果を具象化する　77
8. 最適化のないモデルから最適化のあるモデルへ（1）　79
9. 最適化のないモデルから最適化のあるモデルへ（2）　83

> Example
> 1.1　販売戦略のモデル分析
> 　　——財の品質 vs 店舗の快適性　86
> 1.2　商品企画のモデル分析　89
> 1.3　産業構造転換政策のモデル分析　92

i

第2章 ミクロ経済分析の数学的基礎　97

1. 競争市場　99
2. 独占市場　105
3. 同質財寡占市場　111
4. 異質財寡占市場　115
5. 戦略的連関の記述——同時決定ゲーム　119
6. 逐次的戦略決定の記述——多段階ゲーム　124
7. 外部性の導入　130

> **Example**
> **2.1** 企業のNPO化の経済分析　134
> **2.2** 企業分割の経済分析　137
> **2.3** 輸出振興政策の経済分析　140
> **2.4** 国内企業保護政策の経済分析　143

第3章 産業政策の最適戦略モデル分析　147

1. 公企業の民営化の最適戦略モデル分析　149
2. 戦略的輸出補助金政策の最適戦略モデル分析　157
3. 関税への対抗政策の最適戦略モデル分析（1）　161
4. 関税への対抗政策の最適戦略モデル分析（2）　165
5. 関税への対抗政策の最適戦略モデル分析（3）　168

第4章 環境政策の最適戦略モデル分析　173

1. CDM下の寡占競争の最適戦略モデル分析　175
2. 排出割当政策の最適戦略モデル分析（1）　185
3. 排出割当政策の最適戦略モデル分析（2）　192
4. 環境税と環境補助金の選択の最適戦略モデル分析　200

第5章 経営戦略ツールの最適戦略モデル分析　205

1. SWOT分析の最適戦略モデル分析　207
2. 花形製品 vs 金のなる木の最適戦略モデル分析　210

3　AISAS の最適戦略モデル分析　214
　　4　ポジショニング戦略の最適戦略モデル分析　216

第6章　競争市場下の最適戦略モデル分析　223

　　1　反撃の最適戦略モデル分析　225
　　2　フリーペーパー化の最適戦略モデル分析　228
　　3　系列の最適戦略モデル分析　233
　　4　利益重視度を戦略変数とする寡占競争の
　　　　最適戦略モデル分析　239

補　章　動学分析との接合に向けて　243

　　1　製品切替の最適戦略モデル分析　245
　　2　確率変動下の製品切替の最適戦略モデル分析　248
　　3　製品開発の最適戦略モデル分析　253

　おわりに　261
　文献案内　264

本書の使い方

低下する日本の国際的地位

　20世紀の日本企業は「良いものをより安く」というビジネスモデルによって成長してきましたが，BRICs諸国（Brazil, Russia, India, China）やVISTA諸国（Vietnam, Indonesia, South Africa, Turkey, Argentina）が台頭する21世紀の世界を，そのようなビジネスモデルのみで生き抜くことは困難です。BRICs諸国やVISTA諸国の人件費は日本の10分の1程度と圧倒的に安いため，それらの国々の企業を相手に価格競争をしても，日本企業が勝利する見込みはわずかだからです。

　また，日本と世界との乖離も際立ってきました。象徴的な例は携帯電話です。日本では人気を博していても，世界に向けてのビジネス化ははなはだ不十分で，世界シェアは3.5％程度にすぎません。実際，『2010年世界競争力年鑑』（IMD：経営開発国際研究所）によると，日本の競争力の総合順位は，58カ国・地域の中で27位であり（前年は17位），中国，韓国，台湾よりも下位となっています。「1つの指標にすぎないので一喜一憂する必要はない」という意見もありますが，調査開始の1989年から93年までは首位であったことを想起すると，楽観できないと言わざるをえません。

　しかも現在は変化の時代ですので，これまでの成功体験にとらわれることも危険です。クリステンセン（Clayton M. Christensen, 1952～）の言う「イノベーションのジレンマ」に陥るおそれがあるからです。「イノベーションのジレンマ」とは，「イノベーションによって業界でのリーダーとなった一流企業が，リーダーとならしめた経営慣行によって，かえって変化に対応できずに滅びてしまう」というものです。

実際，視野の狭隘さや先見性の乏しさから企業の将来が喪失されることが少なくありません。「エクセレント・カンパニー」と呼ばれた優良企業のほとんどが，その後10年のうちに深刻な経営危機に瀕して，破綻したり買収されたりしています。アメリカの『フォーチュン』誌のランキング，「フォーチュン500社」に選ばれた「優良」企業の最近の平均寿命は10.5年にすぎず，1970年代に50〜60年であったのに比べて著しく短命です。

オリジナルな戦略の必要性

　「企業は偶然によって成功し，必然によって自滅する」とは『自滅する企業』（*The Self-Destructive Habits of Good Companies*）におけるシース（Jagdish N. Sheth, 1938〜）の言葉であり，戦略，特にオリジナルな戦略がなければ必衰の状況になってきています。実際，「フォーチュン500社」に関する他の例を挙げると，過去25年以内に設立され，この10年間に「フォーチュン500社」入りした27社のうち11社は画期的な戦略によって成長を遂げたと言われています。

　経済政策も同様です。日本の政策当局が「失われた10年」を通じて財政支出および金融緩和を継続した結果，国債残高がGDPの2倍に達する一方で金利はゼロに至り，伝統的マクロ経済政策の有効性・機動性が損なわれ始めています。同時に，バブル崩壊以降の日本においては，住専（住宅金融専門会社）問題への対応をはじめ，財政および金融の制度改革，年金や介護・医療の制度改革等，断片的かつ表層的な経済政策によって不況が深刻化していると指摘されており，戦略的な経済政策が希求されています。

　本書は，「オリジナル」を文字どおり「原点（origin）があること」と捉え，また「戦略」を「定石を超えた知恵」と考え，読者のみなさんが21世紀をより良く生き抜くために，個別具体的状況に即してゼロから戦略を構築できるようになることを目指します。

モデル分析の必要性

　戦略を構築するには，対象とする現象のメカニズムを適切に把握し，「どの要素が他のどの要素にどのような影響を与えるのか」を見極めなければなりませんが，その際に力を発揮する手法がモデル分析です。モデルとは，現象を理解・説明するために脳内に描くイメージであり，モデル分析は，本質的要素を抜き出してそれらの間の関係を見極めることを目的とします。

　モデル分析によって最も成功した学問の代表は物理学です。ニュートン（Sir Isaac Newton, 1642～1727）は物理現象をわずか3つの法則によって記述し，物理学を大きく進歩させましたが，そのニュートンの考え方もアインシュタイン（Albert Einstein, 1879～1955）の特殊相対性理論によって超克され，そしてその特殊相対性理論もまた，アインシュタイン自身による一般相対性理論によって一般化されています。このように，物理学をはじめとする諸科学は，各々のモデルを改良すると同時に，様々なモデルの隙間を埋めることによって発展してきましたが，しかし，それでもなお説明されていない現象が残っています。

　このことは，あらゆるモデルが多かれ少なかれ局所的であり，それゆえに，森羅万象を過不足なく説明するモデルが存在しえないことを意味しています。したがって，本書では，既存の経済・経営のモデルを学ぶにとどまらず，モデル構築の技術を身につけること，さらに言えば，モデルに基づいて最適解を求められるようになることを目指します。

　　●最適化問題のあるモデルとないモデルの違いについては，第1章8および9において説明します。

　プロイセンの軍人・軍事学者のクラウゼウィッツ（Karl Phillipp Gottlfried Clausewitz, 1780～1831）は「社会情勢や政治情勢の変化に応じて戦略は進化しなければならない」と説いていますが，モデル構築の技術を習得しておけば，必要に応じてモデルを進化・更新することが可能です。

「平行な2直線は交わらない」ことを前提とするユークリッド幾何学に対し、「球面上では平行な2直線が交わる」ことを前提として非ユークリッド幾何学が構築されたことと同様に、本書も、現実を見て自由に発想し、これまでと異なる新たなモデルを構築します。

経済理論を学んでも実践への応用の展望が開けず学習の手ごたえがない、あるいはビジネス書や啓蒙書を読んでも具体的戦略策定に至らない——そのような方々への手助けになることが本書の目的であり、戦略策定のための方法を速く効率的に身につけられるよう、経済学および経営学の根底を見据えて両者を融合します。

経済分析の強み

ロビンズ (Lionel Charles Robbins, 1898～1984) は1932年の著作『経済学の本質と意義』(*Essay on the Nature and Significance of Economic Science*) において以下のように示しています。

> 経済学は、代替的用途を持つ希少な手段を用いて
> 目的を達成しようとする人間行動を研究する学問である

このように、経済学とは「希少性のある資源の有効な活用方法を探る学問」であり、保有する資源の最大限の活用方法の分析に強みを持ちます。

実際、経済学においては、第1章で説明するように、次の3つの方法が確立されています。

1 各主体の意思決定の最適値を求める方法
2 それらの最適値の連関の結果を求める方法
3 その結果をより良い方向に導く政策を求める方法

前提条件から結論を導く過程の緻密さや構成力の堅牢さにも強みがあり、前提さえ定まれば、仮説的演繹的方法により、結果の理論値が導かれ、しかもその結果の良し悪しも分かります。

➲演繹的方法とは「AならばB、BならばC、よってCならばD」

というように，出発点を定め，1つ1つ証明を積み上げて結論を導き出す方法です。なお，その反対は帰納的方法であり，「aはPである。bはPである。cはPである。したがってa,b,c,d,e,…は全てPである」というように個別の事象から全体の結論を導き出す方法です。

　以上のような経済分析は，実証分析（どうなっているのかを明らかにする分析）と規範分析（どうするべきかを明らかにする分析）に大別され，それらを戦略理論の言葉で言い換えると，実証分析は「as is（現状）を知ること」に，規範分析は「to be（ビジョン）を描くこと」に相当します。そして，戦略とは「as is（現状）と to be（ビジョン）の間を埋めるもの」すなわち，as is（現状）を to be（ビジョン）にするための方策であるので，戦略を策定する上で経済分析は強い力を発揮しうると言えます。

　経営戦略について考える場合では，上述の「①各主体の意思決定の最適値を求める方法」において「各主体」として企業を想定することによって企業の to be を描くことができ，しかもその解が戦略となります。経済政策について考える場合でも，「各主体」として政府を想定することによって，政府の to be を描くことができます。この時，政府が企業の行動を直接動かせるならば，その解が戦略となり，この解を最善解（first best solution）と呼びます。各主体の最適行動を前提とする場合，すなわち，企業の行動を間接的にしか動かせない場合には，まず「②最適値の連関の結果を求める方法」によって，企業の最適化行動の結果を求め，その上で，「③その結果をより良い方向に導く政策を求める方法」の解として戦略を策定します。この解を次善解（second best solution）と呼びます。

経済分析の拡張の可能性

　経済分析はこのように豊かな潜在能力を持っているのですが，それにもかかわらず，ポーター（Michael E. Porter, 1947〜）がその著『競争の戦略』（*Competitive Strategy*）において述べているように，経

済学と経営学との関係は疎遠であり，したがって，SWOT分析やセグメンテーション等の主要な経営分析が経済分析と併用されることは多くありません。

　また，経済分析で想定される戦略の選択肢も，実際の経営に比べると彩りに欠けます。経済学における企業の主な戦略空間は生産量や価格であり，「りんごとみかんを何個ずつ売るべきか」あるいは「価格をいくらに設定するべきか」等の分析を主眼としていますが，現実の企業戦略の選択肢は第1章で述べるように多岐にわたります。

　企業の目的についても，与えられた価格あるいは需要を前提として利潤を最大化することが経済分析の通例ですので，ドラッカー（Peter Ferdinand Drucker, 1909～2005）が重視する「顧客の創造」が視野に入ることは稀ですし，あるいは「利他共栄（win-win）関係」の構築が意識されることもほとんどありません。もちろん，顧客の創造や利他共栄関係を考慮に入れた経済分析もなされてはいますが，入門レベルにおいて強調されることは例外的です。

　経済政策の立案についても同様です。「現実の経済は絶え間なく変化するものであり，新しい経済学を構築しようとする者が書くべきものは，時論的パンフレットである」というケインズ（John Maynard Keynes, 1883～1946）の言葉に象徴されるように，実践的要請に応えることが経済学の目的の1つですが，ロビンソン（Joan Violet Robinson, 1903～1983）がその講演「経済理論の第二の危機」（The second crisis of economic theory）において述べているように，経済学は特定の政策の弁護に汲々としたり，あるいは現実から目をそむけて抽象世界に逃避してしまう傾向があるので，経済分析と現実の政策立案との結びつきは未だ完全ではありません。

　あるいは，レイヨンフーヴッド（Axel Leijonhufvud, 1933～）が「エコン族の生態」（Life among the Econ）という論文において，経済学者集団をエコン族と喩えて次のように述べたこともありました。

　　エコン族（経済学者集団）は隣国のポルスシス族（政治学者集

団）やソシオグス族（社会学者集団）への優越感を満喫する極度の排他的民族であり，エコン族の社会的連帯はよそ者への不信の共有によって維持されている…（中略）…階級内での身分序列はモドゥル（数式による経済モデル）作りの技能によって定まるが，作られるモドゥルの大半は実際の役には立たず，神前の御供（ごくう）（専門誌上の陳列物）として用いられるにすぎない。

以上の状況を克服するべく，本書では，経済学や経営学の様々な手法を融合して分析の射程を拡大し，企業や政府の戦略を策定します。

複合的思考の必要性

人間の脳は，①動物脳（本能，直感，怒り・悲しみ等の感情を処理する）と，②大脳新皮質（計画，検討，決定，状況把握等の理性を司る）とに分かれ，両者の発達が不可欠であること，また，従来の教育方法では効果的に学べる人は2割にすぎず，感性を鍛えることによって学習効果が向上することが明らかになってきています。

知能についても，これまでは言語的知能と数学的知能の2つが重要視されていましたが，ガードナー（Howard Earl Gardner, 1943～）により，少なくとも次の7つの知能の重要性が明らかとなってきています。

1	言語的知能	言語を感受・学習し，目標達成のために用いる能力
2	論理数学的知能	論理的に分析し，数学的操作を行う能力
3	音楽的知能	演奏や作曲，鑑賞に関する能力
4	身体運動的知能	問題解決や創作のために身体を使う能力
5	空間的知能	空間を認識し，操作する能力
6	対人的知能	他人の意図や欲求を理解し，他人と相和（あいわ）していく能力
7	内省的知能	自分自身を理解し統制する能力

そこで，本書では，前述の経済学・経営学の融合に加え，「俯瞰と掘り下げ」によって様々な知能を活性化します。

本書の構成

チェスの名プレーヤーのタルタコワ（S. G. Tartakower, 1887～1956）は「戦術とはすることがあるときに何をすべきかを知ることであり，戦略とはすることがないときに何をすべきかを知ることである」と述べています。

この表現に即して経済分析の特徴を再説すると，経済分析は「与えられた条件の下での最適化」に強みを持つので戦術の策定には威力を発揮しますが，戦略策定の際にはそもそも条件を定めることから始めなければならないので，経済分析だけでは不十分となってしまいます。

あるいは，キム（W. Chan Kim）・モボルニュ（René Mauborgne）著の『ブルー・オーシャン戦略――競争のない世界を創造する』（*Blue Ocean Strategy*）に基づいて市場を「赤い海（Red ocean）」（価格・機能等によって血みどろの競争が展開される既存市場）と「青い海（Blue ocean）」（競争自体を無意味にする未開拓の新市場）に大別すると，経済分析は「赤い海」での戦いを有利に進めるには非常に強力ですが，「青い海」の開拓はあまり得意としていません。

本書では，どちらの「海」においても先導者になることを目指し，まず序章では，選択肢を幅広く，しかも深く捉える技術を学び，感性の活性化，並びに理性の研磨を試みます。その際，本書の方法を身につけておけばあらゆる知識を活用できる，ということを実感していただくために，経済分析・経営分析から一見遠い例もあえて紹介します。第1章では，その上で，モデル分析思考，すなわち「数式によって経済や経営を表現し，制約条件付き最適化問題の解として戦略を策定する技術」を学び，第2章では，温故知新を目的とし，ミクロ経済理論の伝統の中からモデル分析に有用な手法を選り抜いて学びます。

そのような「モデル分析」と「ミクロ経済理論」を融合したものを本書では「最適戦略モデル分析」と名付け，その思考の過程を図1のように捉え，経済分析や経営分析との関係を図2のように考えます。

「モノ作り」に加えて「コト作り」「ココロ作り」が希求されている現在において，本書の最適戦略モデル分析によって，「理性に基づいて感動を設計する能力」を養っていただければ幸いです。

　●図1における①は序章で，②以降は第1章で説明し，経済分析については第2章で説明します。

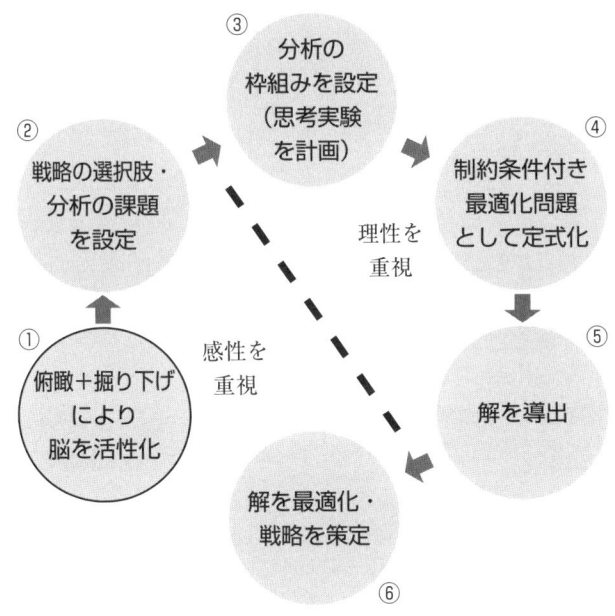

図1　最適戦略モデル分析の過程

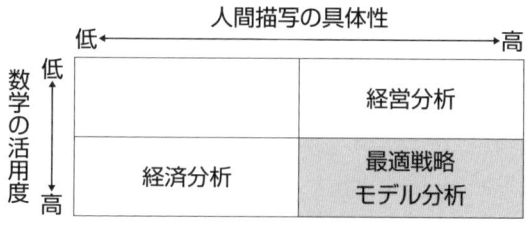

図2　経済分析・経営分析・最適戦略モデル分析の俯瞰

　第3章および第4章では，この最適戦略モデル分析によって経済政策のあり方を明らかにします。外部性の有無によってそれらの2章を区別しており，第3章では外部性のない場合，すなわち産業政策について，第4章では外部性がある場合，すなわち環境政策について分析します。続く第5章および第6章では経営の最適戦略モデル分析を行います。第5章は経営学からのアプローチであり，経営戦略ツールをミクロ経済理論に基づいて捉え直します。第6章は経済学からのアプローチであり，ミクロ経済理論を応用して経営戦略分析を行います。補章では，新しい戦略分析に向けて，最適停止理論やハミルトニアンを経営戦略の策定に応用します。

　　　原因は目に見えず，結果は誰の目にも明らかである

　　　　　　　　　　　　　　　　　ローマの詩人，オウィディウス

　　　　　　　　　　　　　　（Publius Ovidius Naso, BC 43〜AC 17）

　本書での最適戦略モデル分析によって，目に見えない原因を把握する能力も養成されます。特に，本書では，使用する関数を原則として1次関数および2次関数にとどめ，実際に解けるように配慮していますので，「前提条件と結果の間の因果の連鎖を見通す力」や「結論に大きく影響を与える要因を峻別する力」が無理なく鍛えられると確信しています。

　本書を読み進めることにより，これまでにみなさんが獲得された様々な知識が結びついて自己研鑽の動機がさらに高まり，また，こ

れまでと異なる経済分析の活用法を楽しまれて，抽象的な経済理論を学ぶ意義を実感していただけたらと思っています。

本書の読み方

最初から順番に読み進めていただくことが最も望ましいのですが，関心に従って以下の章から読むことも可能です。

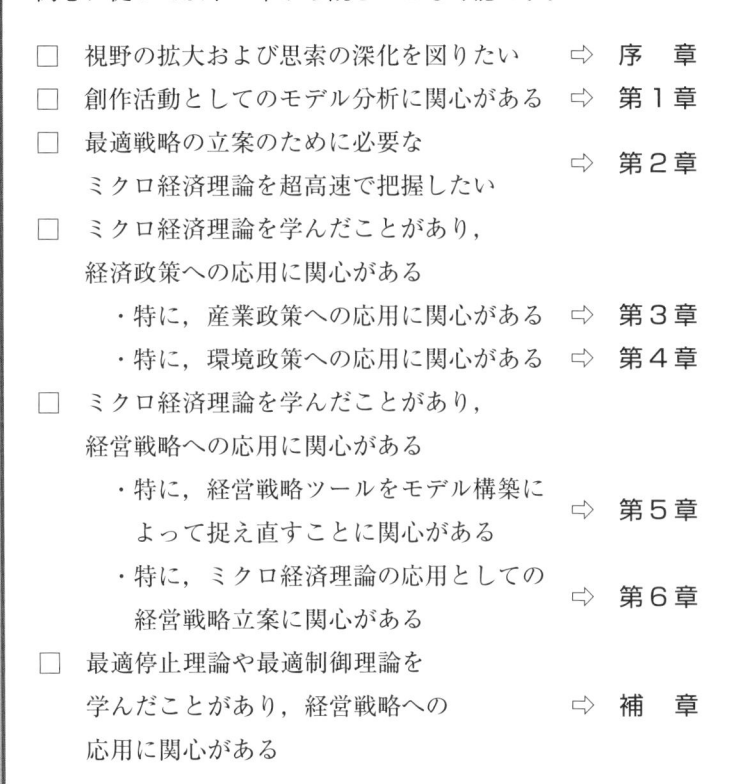

- □ 視野の拡大および思索の深化を図りたい　⇨　序　章
- □ 創作活動としてのモデル分析に関心がある　⇨　第１章
- □ 最適戦略の立案のために必要な
  ミクロ経済理論を超高速で把握したい　⇨　第２章
- □ ミクロ経済理論を学んだことがあり，
  経済政策への応用に関心がある
  - ・特に，産業政策への応用に関心がある　⇨　第３章
  - ・特に，環境政策への応用に関心がある　⇨　第４章
- □ ミクロ経済理論を学んだことがあり，
  経営戦略への応用に関心がある
  - ・特に，経営戦略ツールをモデル構築に
    よって捉え直すことに関心がある　⇨　第５章
  - ・特に，ミクロ経済理論の応用としての
    経営戦略立案に関心がある　⇨　第６章
- □ 最適停止理論や最適制御理論を
  学んだことがあり，経営戦略への　⇨　補　章
  応用に関心がある

　序章の各節の終わりには練習問題として Discussion を付してありますので，それぞれを一層の思考の柔軟化に役立てていただければと思います。また，第 1 章は，第 3 章以降の最適戦略モデル分析に共通する手順を示してあり，第 2 章は，本書で用いるミクロ経済理論を全て説明していますので，第 3 章以降を学ぶ際に，必要に応じて戻って参照して下さい。

第3章以降においては,「様々なモデル構築が可能な分析課題」や「結論が逆説的なモデル」を紹介しています。各モデルを自由に修正・拡張し,モデル構築能力を高めていただければ幸いです。

ウェブサイトの活用について

　本書に掲載されているディスカッションや設問は,慶應義塾大学経済学部・藤田康範ゼミの授業で,実際に議論されています。次のウェブサイトで公開されているのでご活用ください。

http://seminar.econ.keio.ac.jp/yfujita/

序章

俯瞰して掘り下げる技術

戦略策定の手順には，次の5段階があります（戦略設定の手順については松島克守著『MOTの経営学』（日経BP出版センター，2004年）等を参照して下さい）。

① 情報を収集する
② 相手の取りうる戦略の選択肢を全て挙げる（敵を知る）
③ 自分の取りうる戦略の選択肢を全て挙げる（己を知る）
④ 相手の取りうる戦略の選択肢と自分の取りうる戦略の選択肢の組み合わせについてシミュレーションを行う
⑤ そのシミュレーションによって最善の戦略を結論づける

　①〜③については「俯瞰して掘り下げる」という俯瞰経営学の手法が有用であり，④および⑤については「数式によって経済や経営を表現し，制約条件付き最適化問題の解として戦略を策定する」というモデル分析の手法が役に立ちます（本書では，「俯瞰して掘り下げる」を経営学の基礎的視座と考え，「数式によって経済や経営を表現し，制約条件付き最適化問題の解として戦略を策定する」を経済学の本質の1つと捉えています）。

　本章では①〜③を学び，続く第1章では④および⑤を習得します。さらに第2章でミクロ経済理論を身につけて，モデル分析を媒介として経営学と経済学を融合し，第3章以降の準備を行います。

1 俯瞰する技術（1）——全景的俯瞰

1.1 視野の拡大と先入観の除去の必要性

　私たちの認識している世界は，私たち自身が認識できる範囲の世界でしかありません。ですから，私たち自身が認識できる範囲を広げようと常に努力し続けなければ，認識できる世界は狭く，内容の乏しいものとなってしまいます。

　ハンソン（Norwood Russell Hanson, 1924〜1967）は『知覚と発見』（Perception and Discovery）の中で，13世紀と20世紀の2人の天文学者がともに晴れた日の明け方に東の空を眺めても，既知の情報が異なるため，見えるものに差異があると述べました。ゲーテ（Johann Wolfgang von Goethe, 1749〜1832）もまた「我々は知っているものだけを見る」という言葉を残しており，さらにカエサル（Gaius Julius Caesar, BC 100〜BC 44）は「人間はみな自分の見たいものしか見ようとしない」と主張しています。身近な例を挙げれば，音楽の素養がなければ楽譜は単なる記号にすぎませんし，鉄道に興味がなければ時刻表を読んで楽しむこともできません。

　一方，「合理的に判断している」と自分では考えていても，「思い込み」にすぎないことも多くあります。古くは，フランシス・ベーコン（Francis Bacon, 1561〜1626）が『新機関（ノヴム・オルガヌム）』（Novum Organum）において，4つの「心の幻影（イドラ）」を，無知と偏見と錯誤の原因として挙げています[1]。

　現在においても，インドのタタ・グループ（Tata Group）のラタン・タタ（Ratan Naval Tata, 1937〜）は常識を疑うことを推奨しています。マイケル・デル（Michael Saul Dell, 1965〜）もまた，「合計で600ドルの価値しかない部

---

[1] 第1は「種族の幻影」（自己の偏見により心が動かされるという人類共通の幻影），第2は「洞窟の幻影」（個人の体質，偶然，教育等に由来するもの。洞窟に閉じ込められ広い世界を見ないために生じる幻影），第3は「劇場の幻影」（伝統的権威や誤った論証等による幻影），第4は「市場の幻影」（市場で不用意かつ便宜的に作られた言語による幻影）。

品を組み合わせたパソコンがなぜ 3,000 ドルで売られているのか」という「常識に抗う疑問」を抱くことによって，廉価なパソコンを開発し成功をおさめたと言われています。

したがって，戦略を策定するには，先入観を除いて視野を拡げることが不可欠であり，その際に有用な手法が MECE です。

1.2　MECE で考える

MECE とは Mutually Exclusive and Collectively Exhaustive の略で，「相互に排他的な項目による全体集合」を意味し，「MECE で考える」とは，「漏れ」も「重なり」もなく分類することを意味します。

人間という集合を例にとると，年齢による分類は，ある人が同時に 20 歳と 21 歳になることは不可能であるので，MECE となります。個人視聴率調査で頻繁に用いられる「F1」という区分もまた，視聴者を以下のように漏れ・重なりなく分類しているので，MECE です。

	男 (male)	女性 (female)
4～12歳	C (children)	
13～19歳	T (teens)	
20～34歳	M1	F1
35～49歳	M2	F2
50歳以上	M3	F3

ファッションの研究においては，顔を四季で分類することがありますが，季節は 4 つしかないので，四季による顔の分類もまた MECE です。

	明度	彩度
春の顔の特徴	高	高
夏の顔の特徴	高	低
秋の顔の特徴	低	低
冬の顔の特徴	低	高

独特な視点で分類すると，これまでに見過ごしてきたことも見えてきます。たとえば，評論家・文学者の板坂元（1922〜2004）は，近代文学者を以下のように下宿人と自宅通学生に分類しています。

自宅通学文学	谷崎潤一郎，三島由紀夫，庄司薫
下宿人文学	井伏鱒二，中野重治

MECEの方法は「全景的俯瞰」「分解による俯瞰」に大別でき，本節では全景的俯瞰について説明します。

　○分解による俯瞰については次節で説明します。

1.3　分析軸を定める

　全景的俯瞰の基礎は分析軸の設定です。分析軸を定め，程度の違いを考慮してグラフ化すると理解が一層深まります。

　科学の世界においては，たとえば，星の研究においては，ヘルツシュプルング（Ejnar Hertzsprung, 1873〜1967）とラッセル（Henry Norris Russell, 1877〜1957）が提案したヘルツシュプルング・ラッセル（HR）図（図0-1）が有名であり，縦軸に絶対等級，横軸にスペクトル型（表面温度）をとって恒星を俯瞰しています。

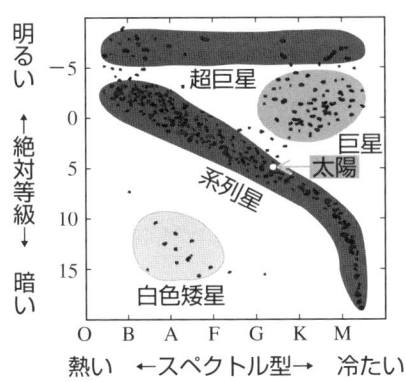

図0-1　ヘルツシュプルング・ラッセル（HR）図

系列星	図の左上から右下に並ぶグループで，多くの星がこれに属します。表面温度が高ければ明るく低ければ暗い，ということが特徴です。
巨星	表面温度が低いのに明るい星のグループ。表面積・半径が大きいことが特徴です。色が赤いので赤色巨星とも呼ばれ，特に図の上方にある恒星は超巨星と呼ばれます。
白色矮星	表面温度が高いのに暗い星のグループ。表面積・半径が小さいことが特徴です。

前述の「顔の季節」については，「明度が高くなると春や夏の顔になる」「明度が低くなると秋や冬の顔になる」「彩度が高くなると春や冬の顔になる」「彩度が低くなると夏や秋の顔になる」ということが分かっていますので，彩度の高低と明度の高低に応じて分類すると次のような図が描かれます。

➲全景的俯瞰の表現方法には様々あり，「第1象限のみで表現する方法」（図０−１），「４つの象限で表現する方法」（図０−２，図０−３，図０−５），「表として表現する方法」（図０−４）が代表的です。

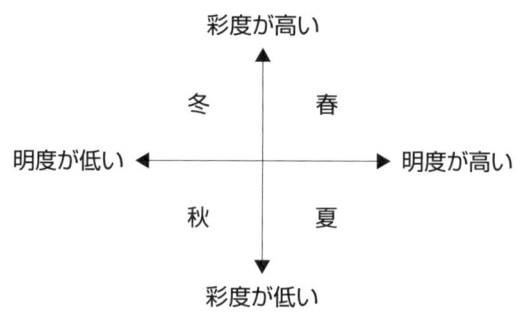

図０−２　顔の四季

同様に，プロモーション方法を分類することもできます。一般に，プロモーションは，そのアピールの方法によって，次の５つに分けられます。

序　章　俯瞰して掘り下げる技術

広告	顧客全体への一方向のプロモーション。
販売促進	特定の顧客への一方向のプロモーション。
人的販売	人的資源を使って営業活動をする双方向のプロモーション。
パブリシティ	マスコミや第三者が公の媒体を使って報道する一方向のプロモーション。スポンサー企業が費用負担をしないことが広告との違いです。
クチコミ	消費者同士の双方向のプロモーション。

そして，これらの5つの構成要素は図0-3のように俯瞰されます。

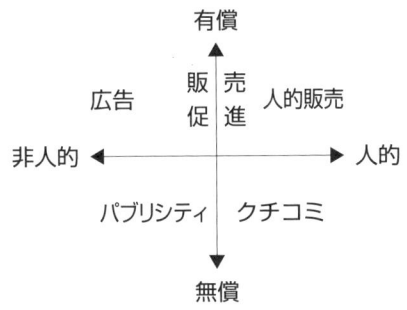

図0-3　プロモーションの全景的俯瞰

　分析とは「分けて解析すること」であり，「分ける」ことによって科学は発達してきました。実際，古代ギリシャにおいて，エンペドクレース（Empedoklēs, BC 490頃～BC 430頃）は，万物の構成要素を4元素（空気・水・火・土）と考え，デモクリトス（Dēmokritos, BC 460頃～BC 370頃）は，目に見えないほどに小さく，それ以上細かく分割できない粒子（原子）によって世界が構成されていると考え，科学的思考の基礎を築いています。

　したがって，分けて視覚化する全景的俯瞰は分析の基礎と言えます。論理的には軸を無限に定めることができますが，その後の分析を簡素かつ強力にするためには，軸の数を2つ（縦軸と横軸）に絞って2次元で俯瞰することが通例です。多次元の現実を，分析課題に応じて適切な切り口を見つけ，2次元の平面上に射影する，と喩えることもできます。

なお，軸を見つける方法としては，「分類したい集合の中から任意の2つを選んでそれらの共通点と相違点を列挙する」という作業の繰り返しが基本です。たとえばプロモーションの場合であれば，広告と販売促進の共通点・相違点を列挙する，販売促進と人的販売の共通点・相違点を列挙する，……を繰り返し，その過程から軸を抽出することになります。

1.4　全景的俯瞰による財・サービスの分類

　コンサルティング会社は，自社独自の分析軸を競争力の源としていますが，その代表例がボストン・マトリックスです。ボストン・マトリックスとは，ボストン・コンサルティング・グループ（The Boston Consulting Group）が考案した分析手法であり，図0-4のように，市場成長率を縦軸に，市場占有率を横軸にとって4象限のマトリックスを設定し，「花形製品（Star）」「問題児（Problem Children）」「金のなる木（Cash Cows）」「負け犬（Dogs）」の4者に自社の製品や事業を分類するものです。

　ボストン・マトリックスは，「フォーチュン500社」に代表されるアメリカの多くの大企業に採用され，学術的にもプロダクトポートフォリオ・マネジメントという分野を進展させています。

　　●ボストン・マトリックスの最適戦略モデル分析は第5章2で行います。

	高　←市場占有率→　低	
高 ↑ 市場成長率 ↓ 低	花形製品 Star	問題児 Problem Children
	金のなる木 Cash Cows	負け犬 Dogs

図0-4　ボストン・マトリックス

花形製品 (Star)	市場成長率および市場占有率がともに高い財・サービス。成長期にあり，シェア維持のためのキャッシュフローを自らの力で創出します。
問題児 (Problem Children)	市場成長率は高いが市場占有率が低い財・サービス。新規の財・サービスである場合が多く，キャッシュフローを生み出すことは困難とされます。市場の成長に対して投資が不足しており，積極的な追加投資か撤退が必要と考えられます。
金のなる木 (Cash Cows)	市場成長率は低いが市場占有率が高い財・サービス。成熟期にあり，多額の追加投資なしにキャッシュフローを生み出します。
負け犬 (Dogs)	市場成長率および市場占有率がともに低い財・サービス。基本的には撤退すべきと考えられます。

1.5 全景的俯瞰による顧客層の分類

顧客層のセグメンテーションを行うことも全景的俯瞰によって可能となります。顧客層のセグメンテーションとは，市場を構成する多様な顧客に応じて最善の製品を提供するために顧客をグループ分けすることであり，たとえば，「仕事志向か／趣味志向か」「上昇志向か／現状志向か」を軸にして分類すると図0-5のように描かれます。

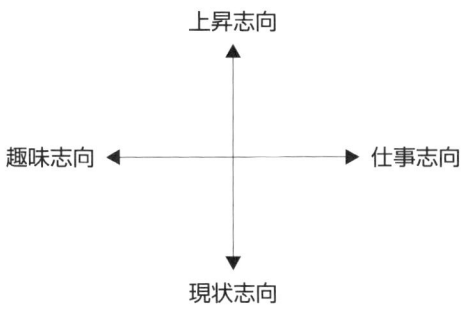

図0-5　顧客層の全景的俯瞰

1.6 セグメンテーションから戦略へ

　分析軸を定めたら，その座標平面上に主要な競合他社および自社の製品をプロットし，全体における自分の位置を認識します。そして，顧客の分布も考慮に入れ，「自社製品をどの位置に移動すべきか」，そしてそのためには「自社製品をどのように改良すべきか」「どのようなプロモーションが必要か」あるいは「顧客の分布そのものを動かすことが可能か」等を考えます。

Discussion 1-1

以下の内容の正否を判断して下さい。
① 古本ビジネスによって利益を獲得することは難しい。
② 日本の農業は衰退産業である。
③ お中元・お歳暮は自分に贈るものではない。
④ サンタクロースの服の色は昔から赤だった。
⑤ 日本においてバナナはこの 50 年間一貫して低価格である。
⑥ 「ヒット商品を大量販売する」方が「様々な種類のあまり売れない商品（ニッチ商品）を少量ずつ販売する」よりも利益が多い。
⑦ 「テレビ CM で宣伝する」方が「カリスマブロガーがブログで紹介する」よりも効果が大きい。
⑧ 家計支出に占める教育費の割合が高いことは先進国に共通する特徴である。
⑨ 日本は戦後一貫して財政赤字国である。
⑩ 物価が上昇すると失業率が減少する。
⑪ 税率を下げると税収が減少する。
⑫ 円高は日本に利益をもたらさない。
⑬ 生活の豊かさの向上と経済成長は両立しない。

Discussion 1-2

　かつてのカメラ業界においては「カミソリと刃」戦略が常識であり，「『カミソリ』に相当するカメラ本体を赤字覚悟で販売し，『替え刃』に相当するフィルムによって利益を獲得していた」と言われています。この考えに

基づくと，デジタルカメラはフィルムが不要であるので「替え刃」を失うことになりますが，この「カミソリと刃」戦略を覆してデジタルカメラを市場に出すにはどのような説得や論理が必要でしょうか？

Discussion 1-3

「財・サービスの標準化が容易／困難」「財・サービスの標準化に対して顧客が否定的／好意的」の2つを軸として，財・サービスを以下の図のように4つの型に分類することがあります。この時，①～③は図のA～Dのそれぞれどの型に位置するでしょうか？

① 鉄鋼，自動車，個人向け金融商品
② デルのパソコン，BMW のビルド・ユア・オウン（Build Your Own）プログラム
③ スタイン・ウェイ・アンド・サンズのピアノ製作，機内サービス

	容易 ←標準化が→ 困難	
標準化に否定的	A マス・カスタマイゼーション型	B アート型
標準化に好意的	C 大量生産型	D 機能不全型

Discussion 1-4

「市場拡大の速度」「技術進歩の速度」の2つを軸として，財・サービスを以下のように4つの型に分類することがあります。この時，①～③について考えてみましょう。

① 短期的な先行者利益を獲得できるのはどの型でしょうか？
② 長期的な先行者利益を獲得できるのはどの型でしょうか？
③ 4つの型それぞれについて望ましい戦略は何でしょうか？

	遅 ←市場拡大の速度→ 速	
技術進歩の速度 遅	平静型 Calm Waters	市場主導型 The Market Leads
技術進歩の速度 速	技術主導型 The Technical Leads	激動型 Rough Waters

Discussion 1-5

次の著名人の言葉にある2つのキーワード（下線部分）の共通点は何でしょうか？

① 「<u>人生</u>とは<u>1冊の本</u>である」
　　——ドイツの小説家，パウル（Jean Paul, 1763～1825）の言葉より。

② 「<u>豚</u>と<u>芸術家</u>は似ている」
　　——ベートーベン（Ludwig van Beethoven, 1770～1827）の言葉より。

③ 「<u>富</u>は<u>海水</u>に似ている」
　　——ショーペンハウエル（Arthur Schopenhauer, 1788～1860）の言葉より。

④ 「<u>金</u>は<u>肥料</u>に似ている」
　　——アメリカの実業家・石油王，ゲティ（Jean Paul Getty, 1892～1976）の言葉より。

⑤ 「<u>人生</u>は<u>一箱のマッチ</u>に如ず」
　　——芥川龍之介（1892～1927）の言葉より。

⑥ 「<u>アメーバ</u>から<u>アインシュタイン</u>まではほんの1歩に過ぎない」
　　——哲学者，ポパー（Sir Karl Raimund Popper, 1902～1994）の言葉より。

Discussion 1-6

① グラミン銀行と一般の消費者金融の相違点は何でしょうか？
② パソコンとワープロの相違点は何でしょうか？
③ 携帯電話と固定電話の相違点は何でしょうか？
④ 電子書籍と通常の書籍の相違点は何でしょうか？
⑤ 映画と演劇の相違点は何でしょうか？
⑥ スポーツのチケットの販売法と飛行機のチケットの販売法の相違点は

何でしょうか？

Discussion 1-7
一般に，中国人事業家とロシア人事業家の共通点と相違点はどのように考えられているでしょうか？

Discussion 1-8
① 発泡酒とビールの相違点が明確になるように，アルコール飲料を分類する２つの軸を定めて下さい。
② その分類に基づいて，発泡酒の売り上げを伸ばすための戦略を考えて下さい。

Discussion 1-9
①－１　映画を分類する２つの軸を定めて下さい。
①－２　スポーツを分類する２つの軸を定めて下さい。
①－３　ファッションを分類する２つの軸を定めて下さい。
②－１　映画の鑑賞者を分類する２つの軸を定めて下さい。
②－２　スポーツを楽しむ人たちを分類する２つの軸を定めて下さい。
②－３　ファッションを楽しむ人たちを分類する２つの軸を定めて下さい。
③－１　どのような映画がどのような顧客層に適合するでしょうか？
　①－１，②－１に基づいて考えて下さい。
③－２　どのようなスポーツがどのような顧客層に適合するでしょうか？
　①－２，②－２に基づいて考えて下さい。
③－３　どのようなファッションがどのような顧客層に適合するでしょうか？　①－３，②－３に基づいて考えて下さい。

2　俯瞰する技術（2）──分解による俯瞰

2.1　組み合わせによる新しさの創出

「創造性とは結びつけること」というスティーブ・ジョブズ（Steven Paul Jobs, 1955〜）の言葉，あるいは「経済発展の本質は新結合による創造的破壊」というシュンペーター（Joseph Alois Schumpeter, 1883〜1950）の主張に象徴されるように，斬新な組み合わせによって新しさを創出することも戦略として重要です。

例として以下の3つの組み合わせを挙げてみます。

かわいさ	＋	気持ち悪さ
かわいさ	＋	しぶさ
上手	＋	下手

これらの組み合わせは実際に行われており，その他にも，「餃子アイスクリーム」「とんかつパフェ」「アイスクリームカレー」「わさびチョコレート」「美術館で落語」「図書館をビジネス支援センターにする」「津軽弁でジャズ」等があります。

色と音の組み合わせもあります。代表的作曲家はスクリャービン（Aleksandr Nikolaevich Skryabin, 1872〜1915）であり，次のようにしています。

ハ音を根音とする神秘和音	赤色
ニ音を根音とする神秘和音	黄色
ホ音を根音とする神秘和音	緑がかった青色
ト音を根音とする神秘和音	オレンジ色
イ音を根音とする神秘和音	緑色

また，松尾芭蕉（1644〜1694）が詠んだ句，

　　古池や　かわず飛び込む　水の音

についても，それまでは「かわず」といえば「鳴き声」と組み合わせることが通例であった中で「飛び込む」という動作を「かわず」と関連づけて詠んだことが斬新だったと言われています。

このように要素の結合によって新たなアイデアを創発することは，ルネッサンス期のメディチ家に様々な才能が集まって文化が開花したことを受けて「メディチ効果」と呼ばれ，最近特に重要視されています。

2.2 トレンドマップ

このような新結合を考案する際に有用な手法が「分解による俯瞰」，すなわち，中身を分けてそれぞれの補集合を考え，周辺視野を広げて全体像を把握する方法です。

たとえば「ジュニアファッションビジネスの方向性を探れ」という問いについて考える場合には，まず，ジュニアファッションをジュニアとファッションに分解し，それぞれの補集合を考え，マトリックスをつくります（図0-6）。このようなマトリックスをトレンドマップと呼びます。

	ファッション	それ以外
ジュニア	①	②
それ以外	③	④

図0-6　ジュニアファッションのトレンドマップ

① ジュニアファッション
② ゲームやスポーツ等，ファッション以外のジュニアの関心事
③ 大人のファッション
④ ファッション以外の大人の関心事

論理的には，①と②の組み合わせ，①と③の組み合わせ，①と④の組み合わせが考えられ，その中から考えを絞っていきます。

組み合わせ	実際の例
①ジュニアファッション and ②ゲーム	ゲームのキャラクターの服を実際に販売する等
①ジュニアファッション and ③大人のファッション	親子でのファッションのトータルコーディネート，ジュニアファッションに大人のファッションの流行を取り入れる等
①ジュニアファッション and ④大人の関心事（ファッション以外）	ジュニアファッションに興味がある親を対象に子供の将来に備えた学資保険を売り込む等

2.3　トレンドマップの応用（1）——傾向の解読

　トレンドマップによって傾向を把握することもできます。たとえば携帯電話については，図 0-7 のように分解されます。

	電話	それ以外
携帯	①	②
それ以外	③	④

図 0-7　携帯電話のトレンドマップ

①　携帯電話
②　メール，カメラ，財布
③　固定電話
④　テレビ，防災，自動販売機

　「携帯電話の利用に関する実態調査」（モバイルマーケティングデータ研究所）によると，携帯電話の利用者が通話している割合は少なく，「ほとんどない」と回答した人が約 4 割に達しています。「携帯電話ではほとんど通話せず，したとしても 5 分以内でとめてしまい，長くても 30 分」，そのような携帯電話の利用スタイルが浮き彫りになっています（図 0-8）。

このことは，携帯電話が①から②へ移行していて，携帯電話の機能として電話以外の比重が高まっていると解釈できます。

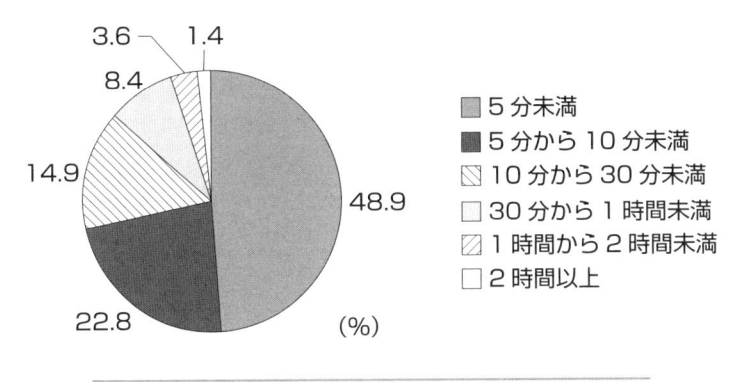

図 0-8　携帯電話での 1 回あたりの平均通話時間

2.4　トレンドマップの応用（2）——既成概念の分解

既成概念を分解して展開することもできます。

たとえば，「雑誌といえば有料である」ことが一般的ですが，図 0-9 のように展開し，新たな雑誌のあり方について考えることもできます。

	雑誌	それ以外
有料	①	②
無料	③	④

図 0-9　雑誌のトレンドマップ

現実には，③と④の組み合わせが進行しています。すなわち，雑誌を無料にしてフリーマガジンやフリーペーパーにする代わりに広告を載せるというものです。

　●このようなフリーペーパー化のモデル分析は第 6 章 2 で行います。

この方法には様々な類例があり，学生向けに大学内に設置するコピー機であれば，「コピー用紙の裏に広告を掲載してコピー代を無料にする」という例もあります。コピーするものは主に講義ノートであるので広告が捨てられ

る可能性はわずかです。コピーする前に学年を入力してもらえば，学年別の広告を掲載することも可能になります。1，2年生を対象としたアルバイトの求人広告，3年生を対象にした就職支援サイトの広告，4年生を対象にした卒業旅行パック商品の広告等です。

さらに，「コーヒーやジュースを無料にする代わりに広告する」という例も行われています。自動販売機に設置された液晶モニターに，ボタンを押してからコーヒーやジュースが出てくるまでの間にCMを流したり，あるいは飲料カップに広告を印刷したりすることで広告収入を確保し，飲料の販売価格に還元するという方法です。

　◗このような無料化のモデル分析は第1章で行います。

前節で紹介したマイケル・デルの例についても，「パソコンといえば高い」という既成概念を図0-10のように分解し，①から③へ移行させたと考えることもできます。

	パソコン	それ以外
高い	①	②
安い	③	④

図0-10　パソコンのトレンドマップ

2.5　トレンドマップの応用（3）——手段の分解

あるいは，手段を分解して展開することもできます。たとえば，プロモーションの場合，その手段を「人か／人以外（ダイレクト）か」によって分類し，図0-11のように展開することができます。

金融商品のプロモーションとしては，従来は証券会社の社員が個々の営業力によって顧客を維持・開拓するという「人チャンネル」が主でしたが，最近では人以外のチャンネル，すなわち「ダイレクト系チャンネル」が重視されるようになっており，また，投資ゲーム，ウェブサイト等へのバナー広告掲載等を通じて金融商品への関心を喚起することも行われています。このことは，「プロモーションが①から③に移行しており，同時に④と組み合わさ

	プロモーション	それ以外
人	①	②
人以外	③	④

図0-11　プロモーションのトレンドマップ

> ③　ダイレクトメール
> ④　投資ゲーム，ウェブサイト

れてきている」と解釈できます。

　トレンドマップに基づく以上のような分析により，何と何を組み合わせるべきかの選択肢，あるいはどこからどこへポジションを変えるべきかの選択肢が見えてきます。

2.6　全景的俯瞰と分解による俯瞰との関連

　前項では，プロモーションを「人／人以外」で分けましたが，前節の図0-3では「有償／無償（広告主が費用を負担するか負担しないか）」および「人／人以外」を軸にして全景的俯瞰図を描きましたので，「有償／無償」に注目して図0-12のようなトレンドマップを描くことも可能です。このように前節の「全景的俯瞰」と本節の「分解による俯瞰」は相互に関連しています。

	プロモーション	それ以外
有償	①	②
無償	③	④

図0-12　プロモーションのトレンドマップ

　現在では，テレビや新聞に広告を掲載するよりは，人々の関心を呼ぶイベントを行ってテレビや新聞に取り上げてもらうというプロモーションも行われています。このことは，「プロモーションが①から③に移行しており，同時に②と組み合わされてきている」と解釈できます。

Discussion 2-1
次の組み合わせにどのような可能性があるでしょうか？
① Tシャツとペットボトル
② 文房具と宅配サービス
③ 病院とドライブ・スルー
④ 病院と旅行
⑤ 自動販売機とタッチパネル
⑥ アルバイトとボランティア
⑦ GPS（グローバル・ポジショニング・システム（Global Positioning System））とSNS（ソーシャル・ネットワーキング・サービス（Social Networking Service））
⑧ 世界一周とサッカー
⑨ スポーツ観戦とドリンクバー
⑩ 哲学書や経営書とファンタジー
⑪ 教育とバラエティー
⑫ テレビ局と不動産
⑬ 人物検索エンジンとチャリティー
⑭ 人物検索エンジンと中古市場

Discussion 2-2
① 廃校と組み合わせることが望ましいビジネスを挙げて下さい。
② 駅と組み合わせることが望ましいビジネスを挙げて下さい。
③ 自衛隊の基地を用いることが可能であれば，どのようなスポーツイベントを実施するとよいでしょうか？
④ なだらかな山の斜面を用いることが可能であれば，どのようなスポーツイベントを実施するとよいでしょうか？

Discussion 2-3
① サーモグラフィーを用いたプロモーションを行うとすれば，どのような財・サービスが有効でしょうか？

② ミラーアートを用いたプロモーションを行うとすれば，どのような財・サービスが有効でしょうか？
③ 極めて難解なクイズを用いたプロモーションを行うとすれば，どのような財・サービスが有効でしょうか？

Discussion 2-4
① エレベーターやエスカレーターを媒体としたプロモーションを行うとすれば，どのような財・サービスが有効でしょうか？
② 工事現場の壁を媒体としたプロモーションを行うとすれば，どのような財・サービスが有効でしょうか？
③ 小学校の机を媒体としたプロモーションを行うとすれば，どのような財・サービスが有効でしょうか？
④ 大学受験の予備校の黒板を媒体としたプロモーションを行うとすれば，どのような財・サービスが有効でしょうか？
⑤ 駅のロッカーを無料にする代わりに広告を載せるとすれば，どのような財・サービスの広告が有効でしょうか？
⑥ 傘を無料で配る代わりに広告を載せるとすれば，どのような財・サービスの広告が有効でしょうか？
⑦ 花粉症用マスクを無料で配る代わりに広告を載せるとすれば，どのような財・サービスの広告が有効でしょうか？
⑧ バスを無料にする代わりに車内および車外に広告を載せるとすれば，どのような財・サービスの広告が有効でしょうか？

Discussion 2-5
① 合格祈願と組み合わせることが望ましい財・サービスを挙げて下さい。
② 自動翻訳と組み合わせることが望ましい財・サービスを挙げて下さい。
③ 6月13日は「小さな親切の日」と言われていますが，この日を活かしたプロモーションを行うとすれば，どのような財・サービスが有効でしょうか？
④ デザインによって新聞の売り上げを伸ばすことは可能でしょうか？

Discussion 2-6

3次元CAD（Computer Aided Design）を利用すると，設計にかかる時間がこれまでの45日から45時間へと短縮されるとします。この技術を活用することが望ましい財・サービスは何でしょうか？

Discussion 2-7

① 一般に「公共投資といえば国内」が既成概念となっていますが，分解による俯瞰を行うとどのような戦略の選択肢が挙げられるでしょうか？
② 一般に「インターネットといえば匿名性」が既成概念となっていますが，分解による俯瞰を行うとどのような戦略の選択肢が挙げられるでしょうか？

Discussion 2-8

① アイスホッケーを分解によって俯瞰し，日本におけるアイスホッケーの認知度をさらに高めるための新たな組み合わせを考案して下さい。
② アメリカンフットボールを分解によって俯瞰し，日本におけるアメリカンフットボールの認知度をさらに高めるための新たな組み合わせを考案して下さい。

Discussion 2-9

組み合わせについて，「補完性の高低」「独立性の強弱」の2軸によって次のように分類することがあります。補完性が高いとは「2つの財・サービスを同時に使用すると享受できる価値が高まること」を意味し，独立性が強いとは，依存性が低いことと同値であり，「2つの財・サービスを個別

	低 ←補完性→ 高	
強 ↑独立性↓ 弱	A　安心できるバンドリング	B　柔軟性のあるバンドリング
	C　ワンストップのバンドリング	D　様々な便益のバンドリング

序　章　俯瞰して掘り下げる技術

に使用できること」を意味します。

A	安心できる バンドリング	最高の財・サービスを購入しているという 安心感を顧客に与える
B	柔軟性のある バンドリング	顧客の抱える問題を解決する
C	ワンストップの バンドリング	新たな価値を生み出すことは少ないが， 財・サービスの信頼性や購入しやすさを高める
D	様々な便益の バンドリング	既存の財・サービスに機能を付加して 価値を高める

　この時，次の（ⅰ）〜（ⅳ）はそれぞれどのバンドリングに相当するでしょうか？
（ⅰ）データベース管理ソフトウェア会社がそのソフトウェアに関するコンサルティングサービスを行う。
（ⅱ）高級マンションと高級エレベーターを組み合わせる。
（ⅲ）デジタルビデオレコーダーに，音声動画サイトから動画・音楽をダウンロードしたり，オンデマンドで映画を観る機能を追加する。
（ⅳ）美容室でヘアケア商品や美容製品を販売する。

3 掘り下げる技術

3.1 地図的観念から写生的実感へ

部分は全体に影響を与え，全体は部分に影響を与える。

ドイツの量子物理学者ハイゼンベルク（Werner Karl Heisenberg, 1901～1976）のこの言葉に象徴されるように，全体を知るには部分を知る必要があります。しかも詳しく具体的に知らなければなりません。

外国から瀬戸内海へ外国が攻めてきた際の防衛策を吉田松陰（1830～1859）が思案していた時に，「神戸港の水深や入れる軍艦の数を考慮に入れなければ活きたものにならない」と山田方谷（1805～1877）が諭したことは有名ですし，与謝蕪村（1716～1783）の詠んだ，

　　春の水　山なき国を　流れけり

の「山なき国」について正岡子規（1867～1902）が「地図的な観念に頼っていて写生的な実感がない」と批判したこともよく知られています。

どちらの例も現実に即して具体的に考えることの重要性を表しており，本節では，前節までの俯瞰と等しく重要な技術である，各対象を掘り下げる技術について説明します。

3.2 見え方を掘り下げる

同一の対象物であっても，見る側の解釈によって全く違ったものに見えることがあります。たとえば，図0-13の2つの絵が有名です。

これらの絵に代表される「見え方の違い」は，「視覚ゲシュタルト変換」と呼ばれます。1つの絵に複数の見え方があり，しかも，「同時に」見えることがない——これと同様のことが，財・サービスについても言えます。たとえば，喫茶店を例にとると，喫茶店を「コーヒーを飲む場所」と捉える人もいるでしょうし，「打ち合わせ場所」と考える人もいるかもしれません。

＜老婆にも若い女性にも見える絵＞　　　＜ウサギにもアヒルにも見える絵＞

　　　　　　　　図０－13　視覚ゲシュタルト変換

　つまり，喫茶店という「同じ」ものが，人によって全く異なるものとして捉えられているのです。京都における高級料理が，濃い味を好む尾張の織田信長（1534〜1582）には評価されず，料理人が殺されかけたという例もありますし，ショスタコーヴィッチ（Dmitrii Dmitrievich Shostakovich, 1906〜1975）についても，「単なる雑音にすぎず音楽の名に値しない」と酷評されたこともあれば，「ソ連が生んだ最高の作曲家」と絶賛されたこともあります。あるいは，修飾語の多い美麗な文章が，文学としては高く評価されても，理工系の論文の場合であれば，「具体性や信頼性に欠ける」とされてしまうこともあります。

　価格についても，安い価格に対して，「安いから買おう」と標準的経済学のとおりに考える人もいれば，「安い＝粗悪品」と考え，逆に購入を控えてしまう人もいます。2001年のノーベル経済学賞受賞者のアカロフ（George Arthur Akerlof, 1940〜）の言う「逆選択」の基礎となる考え方です。あるいは，巧みな広告に対しても，直截に心に刺さる人もいれば，「ここまで広告をしなければ売れないほどの劣悪な商品だ」と考えてしまう人もいます。

　レモンについて，物理学者はその質量・容積・位置・運動等に注目し，経済学者はその効用や生産費や小売価格に注目します。あるいは，文学者であればその色，その肌触り，その手に感じられる重みのすべてについての「レモン」の経験に注目すると言われており（加藤周一『文学とは何か』），このことからも，人によって見え方が異なることが理解されるでしょう。

3.3 売る財・サービスのコンセプトを掘り下げる

　戦略策定においては，販売する財・サービスを顧客の好みに一致させることが不可欠ですが，上述の「視覚ゲシュタルト変換」が示唆するように人によって感じ方や受け止め方が様々ですので，ターゲットに応じた戦略を考えることが必要です。特に，コンセプトを定め，「何を売ろうとしているのか」を明確化することが不可欠です。

　喫茶店の例を続ければ，「コーヒーを飲む場所」と捉える顧客に対しては，「コーヒーの質を高めること」が戦略となりうるでしょうし，「打ち合わせ場所」と考える顧客に対しては，「場所としての機能を高めるために，パソコンを使用しやすいように電源を設置すること」が戦略となりえます。この場合，「コーヒーの質を高めること」と「電源を設置すること」の2つの戦略を同時に実現できればそれに越したことはないですが，両方を同時に実現するには費用がかかります。したがって，どちらを優先させるのか，それともどちらも採用しないのか，ということまで考えることが，戦略策定上必要となります。

　観覧車についても同様のことが言えます。「高いところから景色を楽しむ乗り物」と考える顧客を対象とする場合には，「全てのゴンドラを満員にする」ことが戦略となるでしょうし，「親しい人と特別な時間を過ごすところ」と考える顧客を対象とする場合には，「空席ができても顧客の望む人数に乗っていただく」ことが戦略となります。

　以上のように「顧客への見え方」を推察して戦略を策定することと同時に，より積極的に，「新しい見え方」を提案して顧客価値を創造することも必要です。すなわち，今となっては常識ですが，

> ① パソコンを家電製品ではなくネットワークの端末とする
> ② 画像の粗い小さなカメラをプリクラのカメラとして使用する
> ③ 蕎麦の実を団子の原料ではなく麺の原料として使用する
> ④ 蒸気機関を機織り機や乗り物の動力として使用する

のように，既存の財・サービスの新しいコンセプト，既存の技術の新しい活用法を開発することが求められます。

3.4 消費の意味を掘り下げる

　以上のように顧客への見え方を推察したり，新しいコンセプトや既存技術の新たな活用法を提案するには，消費の意味について掘り下げることも必要です。元来，消費といえば必要なものを買うことを意味していましたが，現在では，消費の価値はそのような「使用価値」にとどまってはいません。たとえば自動車の「使用価値」は長距離を高速移動できることですが，自動車を購入する際には，燃費やスピードだけではなく，デザインや評判等の要素も考慮に入れており，使用価値を超えた意味を求めて自動車を消費しています。

　ボードリヤール（Jean Baudrillard, 1929〜2007）は，「コミュニケーションのシステム，つまり言語活動として消費は定義される」と述べており，社会学者の上野千鶴子（1948〜）もまた，コミュニケーションとしての消費に注目しており，「こだわりグッズ」の消費を「アイデンティティの微調整」や「自分探し」に等しいとしています。ブランド品であれば「自分を表現するための部品」や「演技のためのツール」となっており，ライフスタイルや仕事内容等，ブランド品を身につける状況にもこだわるようになっています。カリフォルニア大学バークレイ校の元教授アーカー（David A. Aaker, 1938〜）が，その著書『ブランド優位の戦略』（*Building Strong Brands*）において，「自己表現ベネフィット」と呼んだブランドの側面です。

　2001年のノーベル経済学賞受賞者のスペンス（Andrew Michael Spence, 1943〜）もまた，「シグナルとしての消費」という新たな消費概念を提起しています。スペンスは教育を例に挙げ，教育は必ずしも個人の能力を向上させず，教育への需要は，良い学歴を得ようとする欲望によって決まる，と考えました。「一流大学が一流人材を育てる」というよりは，「一流人材が自身の優秀性を人々に知らせるために一流大学に入る」という主張です。つまり，大学の卒業証書は「大学で実力をつけた」ことの証しではなく，「大学を卒業するだけの実力がある」ことを示す「シグナル」にすぎないと考えたのです。

　このような状況であるからこそ，価格のみならず，財・サービスのコンセプトを考えることが戦略を策定する上で重要となっています。

3.5 消費の要因を掘り下げる

消費に影響を与える要因についても掘り下げる必要があり，たとえば以下のように考えられています。

① 安ければ購入する（需要法則）
② 所得が増えれば購入する（ケインズ型の消費関数）
③ 所得が一時的に増加しただけでは購入しないが，恒常的に増加した場合には購入する
④ 何らかの「すきま」を満たすために購入する
⑤ みんなが使っていたり，話題になっているから購入する（ネットワーク外部性）
⑥ 他人に見せたいから購入する（ヴェブレン効果）
⑦ イベントや季節（冠婚葬祭，クリスマス等）に合わせて購入する

戦略を立てる場合には，その目的に応じて，これらの要因の中から，適切な考え方を選択することが必要です。たとえば，広告を作成する場合であれば，④に注目して，以下のように「すきま」を分類することがあります。

心のすきま (Psychostitial)	行動の動機と思考プロセスのギャップを埋める広告（Just Do It キャンペーン等）。
社会生活のすきま (Sociostitial)	他者とのつながりや人間関係のすきまにメッセージを送り込む広告（パーティー等の場を通じて広告し，財・サービスを販売する方法）。
文化人類学的なすきま (Anthrostitial)	個人や地域社会，あるいは民族を重視し，ある集団に属していることを象徴化した広告（「ポロ選手の刺繍」を用いたラルフ・ローレンのマーク等）。
自動的に生じるすきま (Autostitial)	広告を一種の楽しみとして消費する人たち向けの広告。

3.6 消費のプロセスを掘り下げる

消費に至るプロセスについても様々な考え方があり，AIDMA（アイドマ）

およびAISAS（アイサス），AISCEAS（アイシーズ）が有名です。

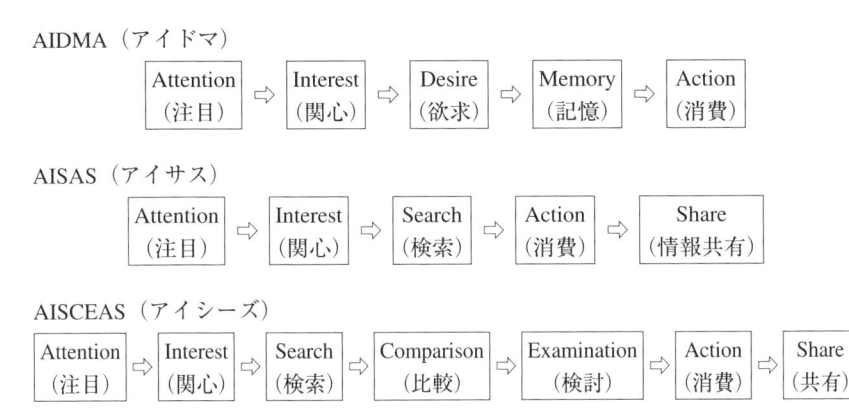

AIDMA（アイドマ）

| Attention（注目） | ⇨ | Interest（関心） | ⇨ | Desire（欲求） | ⇨ | Memory（記憶） | ⇨ | Action（消費） |

AISAS（アイサス）

| Attention（注目） | ⇨ | Interest（関心） | ⇨ | Search（検索） | ⇨ | Action（消費） | ⇨ | Share（情報共有） |

AISCEAS（アイシーズ）

| Attention（注目） | ⇨ | Interest（関心） | ⇨ | Search（検索） | ⇨ | Comparison（比較） | ⇨ | Examination（検討） | ⇨ | Action（消費） | ⇨ | Share（共有） |

　この過程の中で，どのタイミングでどのように消費者にアピールしたら消費に結びつくのかを考えて実行することが求められます。
　➲第5章3で分析します。
　さらには，分析課題に応じて，これらの考え方を適宜修正することも必要です。

3.7　欲求の諸相を掘り下げる

　ケインズは「わが孫たちの経済的可能性」（Economic Possibilities for Our Grandchildren）という論文の中で，欲求を2つに大別しています。1つは，他者と無関係に感じる生理的・必需的欲求で「絶対的欲求」と定義されるものであり，もう1つは，他者に優越しようとする欲求で「相対的欲求」と定義されるものです。ボードリヤールもまた，『消費社会の神話と構造』（*La Société de Consommation*）において，欲求とはある特定の財・サービスへの欲求ではなく，差異への欲求であると述べています。
　欲求を次のように分類する考え方もあります。

> 個人的欲求：好奇心を満たしたい等
> 対人的欲求：気持ちを共有したい等
> 社会的欲求：社会を守りたい等

戦略を策定するには，これらを考慮に入れて，訴えるべき欲求を定めます。コーヒーの販売戦略の場合には，「リラックスしたい気持ちに訴える」「目を覚ますための刺激への欲求に訴える」等が例として挙げられます。「仕事の合間に疲れを癒す」ことを目的としていても，このように訴える欲求が異なれば戦略も異なってきます。

3.8 観察によって掘り下げる

以上，何を掘り下げるのかについて述べてきましたが，掘り下げる方法も重要であり，その1つが観察です。古代ギリシャのアリストテレス（Aristotelēs, BC 384～BC 322）は「観察を伴わぬ自然科学的理論は空虚である」と述べ，科学的自然認識を確立しました。

ビジネスの世界でも，「もし私がお客さんに何が欲しいかと尋ねたら，彼らはもっと速く走れる馬を，と答えていただろう」というフォード（Henry Ford, 1863～1947）の言葉に象徴されるように，尋ねればニーズが分かるとは限らないので，観察によって状況を読み取る必要があります。同じく自動車について最近の例を挙げると，前述のラタン・タタはムンバイの路上でスクーターに一家全員が乗っている光景を目にし，「このような家族に安全で全天候型の自動車を手の届く価格で提供したい」と考え，実現したと言われています。

日本においても，家庭内にある電気の供給口が1つだけであった大正時代に，「アイロンを使いたい姉と，読書のために電灯をつけたい妹が口論している」状況を見た松下幸之助（1894～1989）が，姉妹が同時にアイロンと電灯を使えるようにと二股ソケットを考案したことも有名です。

また，無意識に同時に行っている動作を観察することにより，次のように戦略が浮かび上がることもあります。

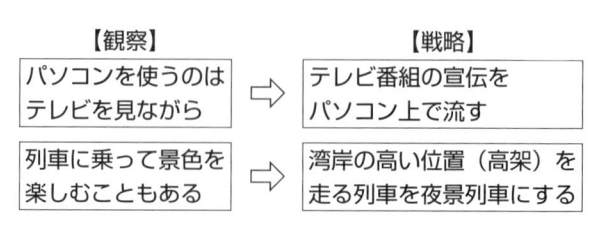

【観察】	【戦略】
パソコンを使うのはテレビを見ながら	⇒ テレビ番組の宣伝をパソコン上で流す
列車に乗って景色を楽しむこともある	⇒ 湾岸の高い位置（高架）を走る列車を夜景列車にする

3.9 数値化によって掘り下げる（1）──感覚を数値化する

　数値化も忘れてはならない作業です。「数値化できないものは管理できない」と言われており，数値化はあらゆる研究の始まりです。かつてピタゴラス（Pythagoras, BC 582〜BC 496）は「数的関係が世界を秩序づける」と唱え，ガリレオもまた「測りうるものは総て測り，未だ測りえぬものは測りうる如くしよう」と述べています。

　体温計がなければ体調を管理できないことと同様に，何らかの指標がなければビジネスや政策を適切に遂行することは困難です。たとえば，景気については，「近所の誰かが失業したら不景気。隣の人が失業したら不況。自分が失業したら大恐慌」という表現もありますが，数字では，先行指数（新規求人数，新設住宅着工床面積，実質機械受注，東証株価指数等12項目），一致指数（鉱工業生産指数，大口電力使用量，商業販売額，有効求人倍率等11項目），遅行指数（法人税収入，家計消費支出，完全失業率，第3次産業活動指数等6項目）の動向によって把握することが1つの方法です。

　あるいは，たとえば以下のように数値化すると，客観性が高まって他の現象との比較が可能となり，説得力が高まったり，あるいは，「直感が間違っていたのではないか」と再考するきっかけが得られたりします。

> **スモール・ワールド現象**
> 　どのような2人も6人の知り合いを介して繋がっている。
> **「1：29：300」の法則**（「ハインリッヒの法則」あるいは「ヒヤリ・ハットの法則」）
> 　「重傷」以上の災害が1件あったら，その背後には，29件の「軽傷」を伴う災害，傷害はないが「ヒヤリ・ハット」した（危うく大惨事になる）災害が300件あるというもの。ハインリッヒ（Herbert William Heinrich, 1886〜1962）が導いた。
> **クチコミの法則**
> 　良い評判は3人にしか伝わらないが，悪い評判は33人に伝わる。

　以上のような「自分を取り巻く環境の把握のための数値化」とともに，戦略の選択肢が浮かんだら，それぞれの効果を数値化することも必要です。

❶特に，解を吟味する時に必要となります．本章5でも説明します．
速度が分からなければ自動車を安全に運転できないことと同様です．

3.10　数値化によって掘り下げる（2）——分解によって推定する

　戦略を策定する際には，前例やデータが少ない場合が多いので，いくつかの仮定をおいて推論を重ねることが必要です．このような推論は，フェルミ（Enrico Fermi, 1901～1954）にちなんで，フェルミ推定（Fermi estimate）と呼ばれていて，最も有名な例は「シカゴにいるピアノの調律師の人数」を推定する問題です．

　フェルミ推定問題を解く際に重要なことは，分かる数字が出てくるまで要素に分解して推定式を考えることです．この「シカゴのピアノ調律師」問題においては，まず，

　　調律師の供給＝調律師への需要

さらに具体的には，

　　調律師の人数＝1年あたりの調律師需要

を前提とし，また，「1年あたりの調律師需要」について，

$$1年あたりのピアノ調律師需要 = \frac{1年あたりのピアノ調律需要}{調律師1人あたりの年間調律件数}$$

が成立すると仮定します．そして，「1年あたりのピアノ調律需要」「調律師1人あたりの年間調律件数」それぞれについては，

　　1年あたりのピアノ調律需要
　　　　＝シカゴの世帯数×ピアノの保有率×ピアノ調律の頻度
　　調律師1人あたりの年間調律件数
　　　　＝調律師1人1日あたりの調律件数×年間労働日数

が成立すると仮定し，さらに，

$$シカゴの世帯数 = \frac{シカゴの人口}{1世帯あたりの人数}$$

が成立するものとすると，1年あたりのピアノ調律師需要の推計式は，

$$\frac{\dfrac{シカゴの人口}{1世帯あたりの人数}×ピアノの保有率×ピアノ調律の頻度}{調律師1人1日あたりの調律件数×年間労働日数}$$

となります。

ここで，

① シカゴの人口＝300万人
② シカゴでの1世帯あたりの人数＝平均3人
③ ピアノの保有率＝0.1（10世帯に1台の割合でピアノを保有）
④ ピアノ調律の頻度＝1（ピアノ1台の調律頻度は1年に1回）
⑤ 調律師1人1日あたりの調律件数＝3
　（調律師1人が1日に調律するピアノの台数は3台）
⑥ 調律師1人あたり年間労働日数＝250（週休2日で年間に250日働く）

と考えると，

$$\frac{\dfrac{300万}{3}×0.1×1}{3×250} ≒ 133.3$$

すなわち，シカゴにいるピアノの調律師の人数は133人となります。

Discussion 3-1
① 伝統的マクロ経済理論では政府支出の増加によって景気が良くなると考えられていますが，政府支出を増加しても景気が良くならないのは，消費者が政府支出の増加をどのように捉えている場合でしょうか？
② 伝統的マクロ経済理論では金利の低下によって景気が良くなると考えられていますが，金利を下げても景気が良くならないのは，消費者が金利の低下をどのように捉えている場合でしょうか？

Discussion 3-2
牛乳の広告を制作するものとします。
① 「牛乳と言えば牧場」と考える人たちを対象とする場合には，どのような広告が効果的でしょうか？
② 「牛乳と言えば若者の健康に良いもの」と考える人たちを対象とする場合には，どのような広告が効果的でしょうか？

Discussion 3-3
① 現在の鉄鋼業界において，「鉄は国家である」というコンセプトと「鉄は産業の米である」というコンセプトのどちらがふさわしいでしょうか？
② 現在の食品業界において，「香辛料は防腐剤である」というコンセプトと「香辛料は調味料である」というコンセプトのどちらがふさわしいでしょうか？
③ 現在の日本のカラオケについて，「カラオケは歌う場所である」が唯一のコンセプトでしょうか？

Discussion 3-4
① 小説を原作とする映画を観に行く人は，何を求めてその映画を観るのでしょうか？
② アニメを実写化した映画を観に行く人は，何を求めてその映画を観るのでしょうか？

Discussion 3-5

① - 1　デパートで買い物をする時に，売り場の人とのコミュニケーションも同時に買っているでしょうか？

① - 2　デパートの売り場を自動販売機で代替することはできるでしょうか？

② - 1　駅の売店で買い物をする時に，売店の人とのコミュニケーションも同時に買っているでしょうか？

② - 2　駅の売店を自動販売機で代替することはできるでしょうか？

Discussion 3-6

①　デパートに買い物に出かけるまでのプロセスを述べて下さい。

②　健康維持のため運動用の DVD を購入するまでのプロセスを述べて下さい。

Discussion 3-7

①　飲料メーカーにとって，テレビ CM を充実させることと自動販売機を充実させることではどちらが望ましいでしょうか？

②　自動車メーカーにとって，テレビ CM を充実させることと販売店でのサービスを充実させることではどちらが望ましいでしょうか？

③　銀行にとって，テレビ CM を充実させることと店舗でのサービスを充実させることではどちらが望ましいでしょうか？

Discussion 3-8

①　「漢字を学べるゲーム」の販売のためのプロモーションを行う際に，次のどちらの方法が望ましいでしょうか？

　（a）「日本人の漢字能力が著しく低下」という危機感に訴える。

　（b）「気軽に簡単に，ゲームをするだけで漢字能力の向上ができる」という安心感に訴える。

②　「冷え解消に役立つカップスープ」の販売のためのプロモーションを行う際に，次のどちらの方法が望ましいでしょうか？

(a) 「冷えに苦しむ女性が著しく増加」という危機感に訴える。
(b) 「気軽に簡単に，おいしいものを食べるだけで冷え対策ができる」という安心感に訴える。

Discussion 3-9

① 多くの新聞や雑誌はインターネット時代の到来に対応するためにコンテンツをウェブ上で無料で提供していますが，このことはウェブコンテンツを将来有料化する際に妨げになるでしょうか？
② 多くの携帯電話会社は携帯電話が普及し始めた頃，格安で携帯電話端末を販売していましたが，このことは後に携帯電話端末を高価格化する際に妨げになったでしょうか？

Discussion 3-10

① 「埃の多い中でラップを巻いて携帯電話を使っている」という光景をインドで多く見かけたとします。この時，どのような機能を携帯電話に付加するとよいでしょうか？
② 「女性や子供が毎日何時間もかけて水を汲みに行っている」という光景をアフリカで多く見かけたとします。この時，そのような地域にどのような支援を行うとよいでしょうか？
③ 「3～4人家族向けの食料品のパックをスーパーマーケットで安く購入しても，一人暮らしのために，余って廃棄してしまう高齢者が増加している」という光景を日本で多く見かけたとします。この時，コンビニエンスストアは食料品をどのように販売するとよいでしょうか？
④ 「パソコンを使いながらポテトチップスを食べ，しかもその際に箸を用いている」という光景を日本で多く見かけたとします。この時，どのような財・サービスを開発して販売するとよいでしょうか？

Discussion 3-11

① 「アメリカ在住移民による母国への送金額は 3,500 億ドルであり，その最大勢力はラテン・アメリカ系移民であってその購買力は 8,000 億ドルに達する」というデータがある場合，アメリカにおいてどのようなビジネスに好機があると考えられるでしょうか？

② 「すでに所有している製品を手放す代償として要求する金額は，そもそもその製品を手に入れるために支払ってもよいとする金額の 3～4 倍になる」という実験結果がある場合，新製品を市場に出す際に注意すべきことは何でしょうか？

③ 「医療や薬品について，地球人口の 10% の人々のために 90% の資源が使われている」というデータがある場合，どのようなビジネスや社会貢献の機会があると考えられるでしょうか？

④ 穀物の国際価格（1 トンあたりの名目価格）が下のグラフのように推移すると予測される場合（2009 年までは実績値），どのようなビジネスや社会貢献の機会があると考えられるでしょうか？

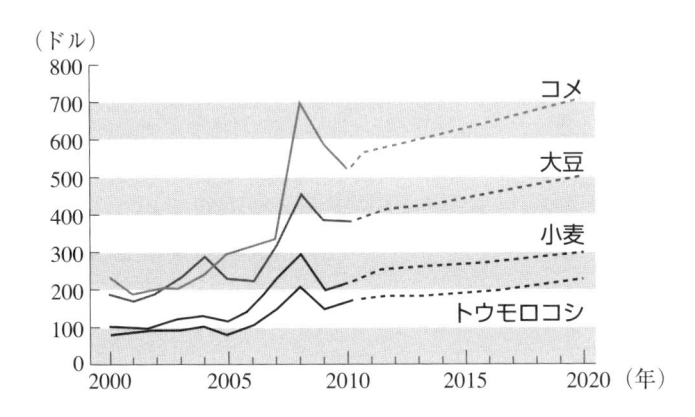

Discussion 3-12

① 書店である本が 1 冊売れた時，その本を立ち読みした人は何人いたと考えられるでしょうか？

② ある財・サービスのテレビ CM を見た人の何% ぐらいが実際にその

財・サービスを購入するでしょうか？
③ 一般的な高校生が1日に目にする広告はいくつあり，そのうちで購入に結びつくものはいくつあるでしょうか？

Discussion 3-13
① 日本に自動車は何台あるでしょうか？ フェルミ推定によって求めて下さい。
② 日本では1世帯あたり平均して年間いくら分の電球を購入するでしょうか？ フェルミ推定によって求めて下さい。
③ 東京にはバスが何台あるでしょうか？ フェルミ推定によって求めて下さい。

4 掘り下げから俯瞰へ

以上，顧客を中心に掘り下げてきましたが，他の主体についても同様に掘り下げる必要があります。どの主体を取り上げるかについては，以下のように様々なものがあり，それぞれを適切に把握するには，経済や業界のみならず流行や新技術の動向等も注視する必要があります。

4.1 ターゲットインサイト

ターゲットインサイトとは，ターゲットの特性やライフスタイルを掘り下げることであり，本章のこれまでにおいて顧客を対象とした分析（特に本章3.4〜3.7）がこれに相当します。

着眼点を整理すると以下のようになります。

> ① 性別，年齢，職業，収入，消費額
> ② 興味のある財・サービス
> ③ 価値観

4.2 メディアインサイト

メディアインサイトとは，

> ① ターゲットが接するメディアやコンタクト・ポイント
> ② 次々に生まれてくる新しいメディアや技術

を把握することであり，以下のようにターゲットごとに特徴をまとめます。

ターゲット1
・深夜帯のテレビを見ることが多い ・ウェブサイト・携帯サイトを見ることが多い
ターゲット2
・平日夜のテレビCMとの接触が多い ・休日の午前から午後にかけて新聞・雑誌に接触することが多い

> ・休日の午後の時間帯に販売店で展示車・カタログ・ポスターに接触することが多い

4.3 ３Ｃ分析

３Ｃ分析とは，「市場（Customer）」「競合（Competitor）」「自社（Company）」を視野に入れた分析のことです。

> **市場分析とは**
> 　自社の財・サービスを購買する意志・能力のある潜在顧客を把握することであり，具体的には，市場規模（潜在顧客の数，地域構成等）や市場の成長性，ニーズ，購買決定プロセス，購買決定者等を調べます。
> **競合分析とは**
> 　競争状況や競争相手を把握することです。特に，競争相手から市場を奪うことや市場を守ることを念頭に置きつつ，競争相手の数，競争相手の経営資源や構造上の強み・弱み（営業人員数，生産能力等），競争相手のパフォーマンス（売上高，市場シェア，利益，顧客数等），参入障壁等を調べます。この分析により，自社の相対的な強みや弱みが抽出されます。
> **自社分析とは**
> 　自社の経営資源や企業活動を把握することです。売上高，市場シェア，利益，顧客数，ブランドイメージ，人的資源，技術力，組織等を調べます。

以上の３Ｃに，次の２つを加えて５Ｃと呼ぶこともあります。

> **協力者（Collaborators）**
> 　販売代理店等，他社ではあるが事業を一緒に行うもの。
> **背景（Context）**
> 　企業文化や規制等，事業を取り巻く様々な要素。

4.4 ポーターの５つの視点

ポーターは，売り手，買い手，同業他社，新規参入，代替製品の５者を重視しました。

売り手と買い手の関係については，

① 買い手との交渉力で自分が優位に立てるか
② 他の売り手（競争者）よりも優位な買い手（得意顧客）を自分が持っているか

の2つの側面を調べる必要があり，同業他社，新規参入，代替製品については，以下のように考えられています。

同業他社との競争は，既存のビジネス慣行に従っているので，もたらす変化は穏やかですが，新規参入と代替製品は，既存のビジネス慣行と異なるので，これまでの優位性を崩し，コア・コンピタンスを無意味化するおそれがあります。新規参入の例としては海外や異業種からの参入が挙げられ，代替製品の例としては，CDプレーヤーがレコードを駆逐したことが挙げられます。

4.5 「協調＋競合」の視点

ビジネスは，「パイ」を作り出すときには協力し，その「パイ」を分けるときには競争するものである。

ブランデンバーガー（Adam M. Brandenburger）とネイルバフ（Barry Nalebuff, 1958〜）がその著『ゲーム理論で勝つ経営——競争と協調のコーペティション戦略』（*Co-opetition*）においてこのように主張して以来，最近では，「新しい財・サービスを市場に浸透させる段階でそれらの供給者は協力しあうが，いったん浸透するとその市場での優位性を目指して供給者同士が競合する」という状況への関心が高まり，外部環境と調和して互いに長期的に利益を獲得するための戦略を考えるようになってきています。

このような状況はコーペティション（Co-opetition）と呼ばれます。協調（Cooperation）と競合（Competition）を合わせた造語です。コーペティション的状況を分析する際には，顧客，供給者，競争相手，補完的生産者に注目することが通例です。

自社の顧客が自社以外の生産者の製品を使うと自社の価値が向上する場合，

その生産者を「補完的生産者」と呼び，逆に，自社の顧客が自社以外の生産者の製品を使うと自社の価値が低下する場合，その生産者を「競争相手」と呼びます。競争相手と思っている企業が実は補完的生産者であることが多くありますので，両者を混同せずに戦略を立てることが必要です。

4.6　利害関係者（Stakeholder）の視点

　企業を取り巻く利害関係者（Stakeholder）によって整理することもできます。利害関係者とは，企業の活動によって直接・間接に影響を受ける人々や団体であり，具体的には，株主や経営者，従業員，金融機関，債権者，取引先，競合企業，顧客等が挙げられます。

4.7　関係の俯瞰から戦略へ

　以上の4.1～4.6のように他者も考慮に入れて掘り下げることにより，再び俯瞰に向かい，「解釈学的螺旋（Hermeneutic Spiral）」によって脳内のイメージが立体的かつ明瞭になっていきますが，自分を取り巻く様々な主体との関係もまた戦略の選択肢となります。

　たとえば，上述の4.6の利害関係者について述べれば，全ての利害関係者の利害が必ずしも一致しないので，企業は利害関係者の間のバランスをとることが必要となり，それが戦略となります。株主を重視する戦略と，従業員を重視する戦略等があります。

　研究開発においては，次のような選択肢があります。

> **アウトサイド・イン型イノベーション**
> 　自社では思いつかない財・サービスを開発できる外部者を内部に取り入れる。
>
> **インサイド・アウト型イノベーション**
> 　自社の資産やプロジェクトを外部化し，新しいサプライヤーやパートナーとの関係を育み，「ビジネスの生態系」を革新する。

　最近では，後者のインサイド・アウト型イノベーションが重視されています。

また，他者との関係の再構築も行われており，その1つとして，次のような顧客の力の活用も行われています。

> ① 通勤者の歩行で電力を作る
> ② 駐車場に自動車を停める際に生じる力で発電する
> ③ 再生可能エネルギーを回転ドアで生み出す
> ④ 採点しない問題を受験者に解かせ，将来の試験問題の参考にする

　ビジネスを「野球モデル」と「サッカーモデル」に大別することもあります。「野球モデル」とは，「守備位置が定まっている」「守備についている時には得点できない」のようにシステムや攻守等が決められていて，その中で戦いを繰り広げるものであり，「サッカーモデル」とは，システムが随時変更可能であるのみならず，攻守についても流動的であって，「守りながら攻めること」「攻めながら守ること」も可能である，というものです。最近は「野球モデル」から「サッカーモデル」への移行の必要性も唱えられているので，他者との関係の再構築も戦略として重要となっています。

Discussion 4-1
> ① 大手広告代理店のライバルになりうる業界はどこでしょうか？
> ② 燃料電池が実用化された場合，自動車業界のライバルになりうる業界はどこでしょうか？

Discussion 4-2
> 「インターネットのブロードバンド接続を利用してデジタルテレビ向けに情報コンテンツや動画コンテンツを配信するビジネス」を行うにあたって，ライバルになりうる業界はどこでしょうか？

Discussion 4-3
> ビールの今後の販売先として有望と考えられる地域はどこでしょうか？

Discussion 4-4
① コンピュータ会社はどの部門を自社に残し，どの部門を外部化すべきと考えられるでしょうか？
② 燃料電池が実用化された場合，自動車会社はどの部門を自社に残し，どの部門を外部化すべきと考えられるでしょうか？

Discussion 4-5
「既存市場で競争するか／新市場で競争するか」「高価格（ハイエンド）で競争するか／低価格（ローエンド）で競争するか」の2つを軸として財・サービスを以下のように4つの型に分類する場合，
① デジタルカメラはどの型から始まり，どのような主体を味方とし，どのような主体をライバルとして，どの型へと変化していったと考えられるでしょうか？
② 新市場・低価格型の財・サービスが最も考慮に入れるべき主体は誰と考えられるでしょうか？

	新 ←市場→ 既存	
価格 高↑↓低	新市場・高価格型	既存市場・高価格型
	新市場・低価格型	既存市場・低価格型

Discussion 4-6
① 自分を取り巻く主体について考える際に，世の中の「フラット化」を考慮に入れるとよいのは，どのような分析課題の時でしょうか？
② 自分を取り巻く主体について考える際に，世の中の「劇場化」を考慮に入れるとよいのは，どのような分析課題の時でしょうか？
③ 自分を取り巻く主体について考える際に，世の中の「無縁性」を考慮に入れるとよいのは，どのような分析課題の時でしょうか？

序　章　俯瞰して掘り下げる技術

5　情報の整理から戦略の選択肢の抽出へ

俯瞰し掘り下げたら，次の作業は戦略の選択肢の抽出です。

5.1　SWOT分析

そのための情報の整理として定評のある分析がSWOT分析です。

SWOTとは，強み（Strength），弱み（Weakness），機会（Opportunity），脅威（Threat）を意味しており，SWOT分析は，「自分」についての分析と「自分を取り巻く環境」についての分析を体系化するために役立ちます。自分についての分析とは，自分の強みと弱みを明らかにする分析であり，自分を取り巻く環境についての分析とは，顧客，競合他社，政府，経済状況等の競争要因についての機会と脅威を明らかにする分析です。

SWOT分析は戦略策定の基礎となるもので，非常に重要視されており，本章のこれまでに紹介した様々な手法は適切なSWOT分析を行うためであると言っても過言ではありません。SWOT分析より，

> SO戦略：機会を活用して自社の強みを伸ばす戦略
> WO戦略：機会を活用して自社の弱みを克服する戦略
> ST戦略：強みを活用して脅威を回避する戦略
> WT戦略：脅威と弱みの融合による最悪の事態を回避する戦略

等を考えることができます。

　　⇒SWOTの最適戦略モデル分析は第5章1で行います。

なお，戦略を考え出す際には，「強みや機会を活かすことが仮に法律で禁止されていたら」のようにあえて制約を課すと，代替案が浮かび戦略の幅が広がると言われています。

SO戦略の例としては，高齢化に伴ってアンチ・エイジング化粧品への需要が高まっている状況において，フィルム会社がその技術を活かして化粧品市場に参入することが挙げられます。

WO戦略の例としては，ロンドン市警が2000年に展開した警察官募集

キャンペーンが挙げられます。「輝かしいキャリアや優れた技能，子供たちの憧れ」という要素を排除して，「警察官の仕事の困難さ」を伝えたところ，10万件以上の問い合わせが殺到し，6,000人を新規採用するという大成功をおさめたと言われています。今日においては，広告が伝えるイメージを消費者が軽薄とみなす場合が多いので，「完全無欠」をアピールするよりは，このように，「影」の部分を認めて適切な顧客層に訴えることも重要であると考えられています。

　❍シャドー・ブランド戦略（Shadow Brand Strategy）と呼ばれています。

5.2　戦略の選択肢の抽出

　最後は戦略の選択肢の抽出ですが，単なる羅列に陥らないように心がける必要があり，その表現方法には以下のように様々な「型」があります。

① 　whatとhowに対応させる場合

　型の1つとして，「whatに関わるもの」と「howに関わるもの」に分けてまとめることがあります。たとえば，ブランド力を強化するための戦略は以下のようになります。

ブランド・コンセプトに 関わるもの （whatに関わるもの）	ブランド・コミュニケーションに 関わるもの （howに関わるもの）
A-1　財・サービスの提供価値自体を差別化する戦略	B-1　伝達方法を最適化する戦略
A-2　ターゲットに合わせて訴求内容をつくりこむ戦略	B-2　伝達量を最適化する戦略

　「ビジネス・パーソンをターゲットとしてコーヒーを販売する場合」を例にとると，それぞれの戦略例は次のとおりになります。

序　章　俯瞰して掘り下げる技術

ブランド・コンセプトに 関わるもの （what に関わるもの）	ブランド・コミュニケーションに 関わるもの （how に関わるもの）
A-1　味・品質をターゲットにふさわしいものにする	B-1　テレビCM，インターネット，自動販売機，電車の中吊り広告等から最適なものを選ぶ
A-2　仕事の合間に疲れを癒すのにふさわしいものにする	B-2　売り上げへのインパクトと費用を勘案して最適値を選ぶ

② 4Pに対応させる場合

　経営戦略策定の場合であれば，次の4Pに対応させて選択肢を並べることも1つの型です。

製品 (Product & Service)	財・サービスのコンセプト，機能，付加する価値を決めることです。
場所 (Place)	売る場所であり，自社で販売，代理店を使っての販売，ネット経由での販売，あるいはそれらの組み合わせを決めることです。
価格 (Pricing)	原価，市場，財・サービスのライフサイクル等を勘案して価格を決めることです。
販促 (Promotion)	プッシュ（営業マンが顧客を訪問して販売する等）とプル（顧客に店舗にきてもらうしかけを考える等）のバランスや「AIDMA」や「AISAS」，「AISCEAS」を活用して販促方法を決めることです。

③　時系列に沿って並べる場合

　時系列に沿って戦略の選択肢を並べることも型の1つです。

　農業であれば，「まかぬ種は生えぬ」のは明らかであり，春に種をまいておかなければ，秋には何もしようがありません。ビジネスにおいても時系列での最適化は重要であり，たとえば，本章2.5で触れた金融商品のプロモーションの場合であれば，以下のような2段階チャンネルとして並べられます。

47

まず，投資ゲーム，ウェブサイト等へのバナー広告掲載，総合サイトの金融関連情報との提携，雑誌への広告掲載等を通じて金融商品への関心を喚起します。そして，資料請求を行った潜在的顧客に対しては，初回の資料送付を起点とし，その後，一方では，価格の引き下げ，金融機関の合併や破綻等の経済環境の動きに応じて追加的な資料を送付し，他方では，就職・転職，転居，昇進等の顧客側のイベントに応じて追加的な資料を送付し，これらを通じて金融商品の購入を促しています。

　●このようなダイレクト系チャンネルは効率性が高く，従来の人チャンネルに比べて10分の1程度の費用で顧客を開拓できると試算されています。

④　AISASに対応させる場合

　プロモーション戦略の場合では，時系列に沿って並べる方法として，以下のようにAISASに対応させて戦略をプロットすることも頻繁に行われます（図0-14）。

Attention	Interest	Search	Action	Share
テレビCM 雑誌広告 屋外広告	塾・カラオケボックスにおける広告 各地でのイベント	ウェブサイト 携帯サイト ブログチェック	パッケージ広告 液晶ポップ	シール Tシャツ ブログ書き込み

図0-14　AISASに対応させた戦略の例

　前述のAIDMA（アイドマ）やAISCEAS（アイシーズ）に対応させることもできますし，あるいは，「研究→開発→製造→物流→販売」というバリューチェーンの各活動（レイヤー）に応じて戦略をプロットすることもよく行われます。

⑤　コンセプトの要素に対応させる場合

　ダニエル・ピンク（Daniel H. Pink, 1964～）は，19世紀後半から現在まで

の150年間を次の3つに区分しています。

> (a) それ以前の長い「農業の時代」に続いて現れた「工業の時代」
> (b) 左脳勝負の「情報の時代」
> (c) 現在突入しつつある「コンセプトの時代」

そして，これからのコンセプトの時代においては，次の6つが重要であると説いています。

> (i) 機能だけでなくデザイン
> (ii) 議論だけでなく物語
> (iii) 個別だけでなく全体の調和
> (iv) 論理だけではなく共感
> (v) まじめだけでなく遊び心
> (vi) モノだけでなく生きがい

これらの「デザイン」「物語」「全体の調和」「共感」「遊び心」「生きがい」に対応させて戦略の選択肢を並べることも1つの型となります。

5.3 解の吟味の必要性

以上，様々な型に従って戦略の選択肢を並べましたが，その並びが望ましいかどうかを吟味する必要があります。詳しくは，次章以降のモデル分析によることになりますが，解の吟味の本質は，自分のシーズ（seeds）と相手のニーズ（needs）の親和性を客観的に確認することです。「自己満足」でも良くないですし，「自分は気に入らないが，誰かは評価してくれるだろう」でも望ましくありません。

戦略を「自分のシーズが活きているか／いないか」「相手のニーズに適合しているか／いないか」を軸にして分類すると図0-15のようになり，第1象限（シーズが活きていて，しかもニーズに適合している）に解が位置しているかどうかを確認することが必要となります。

能を完成させた世阿弥（1363頃〜1443頃）の教えの1つに，我見，離見，離見の見があります。役者側から見る視点が我見，観客から見る視点が離見，

```
                    ニーズに
                    適合している
                       ↑
    シーズが              シーズが
    活きていない ←――――――→ 活きている
                       ↓
                    ニーズに
                    適合していない
```

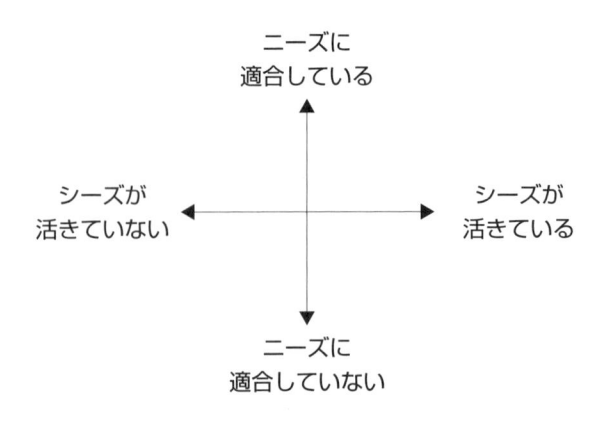

図０−15　全景的俯瞰による解の吟味

自分と観客を上から見る視点が離見の見であり，図０−15の全景的俯瞰による解の吟味は，我見，離見，離見の見，全ての視点からの吟味を意味します。

また，最近では戦略を「台本」と捉える必要性も唱えられており，優れた台本の条件として次の４つが挙げられています。

想像力に富んでいる	自社の機会を活かしている
外に目が向いている	他キャストから自社がどのように見られているかを考慮に入れている
軸がぶれない	自社の行動が他キャストの行動に左右されない
説得力がある	他キャストではなく自社こそが台本を成功に導く根拠がある

さらに，最終的には，戦略の選択肢１つ１つについて，その効果を数値化して比較し，最適なものを選択することになります。

Discussion 5-1

① 日本の山林の強みは何でしょうか？
② 日本の新幹線の強みは何でしょうか？
③ 日本のカップラーメンの強みは何でしょうか？

Discussion 5-2
① 日本の古本ビジネスのSWOT分析を行い，戦略の選択肢を抽出して下さい。
② 日本の農業ビジネスのSWOT分析を行い，戦略の選択肢を抽出して下さい。
③ 日本の新聞のSWOT分析を行い，戦略の選択肢を抽出して下さい。

Discussion 5-3
ある商品が，家庭用スープとして人気があったものの，塩分が多く栄養価が低いため，健康意識の高まりに伴って販売が減少してきたとします。この製品を現状のまま販売し続けようとするならば，ターゲットをどこに移すとよいと考えられるでしょうか？

Discussion 5-4
次の①〜④それぞれのプロモーションがふさわしい財・サービスはどのようなものでしょうか？
① 全体を揺さぶり，その後に個々のターゲットにアプローチする。
② 特定のターゲットのみにアプローチし続ける。
③ 大学生をまず対象にし，その後に中高生に波及するのを待つ。
④ 中高生をまず対象にし，その後に大学生に波及するのを待つ。

Discussion 5-5
最初は既存製品に劣り，新市場でしか通用しない財・サービスが，その後，既存市場においてそのリーダーを脅かすようになるのは，どのような場合でしょうか？

Discussion 5-6
スポーツを通じて日本への外国人観光客を増加させるための戦略の選択肢を，適切に「型」を定めて挙げて下さい。

第1章

モデル分析
思考入門

序章で学んだ，「俯瞰し掘り下げて，戦略の選択肢を抽出する」というプロセスは，以下の3つのプロセスに言い換えることもできます。

1	切る	……軸を設定する
2	分ける	……セグメントごとに特徴を知る
3	並べる	……戦略の選択肢を抽出する

　このようにして，戦略の選択肢を抽出できたならば，それらの選択肢から最善のものを選択することが必要です。あるいは，最善と思われるものが直感的にひらめいたとしても，前提と結果の間の因果関係を明らかにし，その直感の正しさを吟味しなければなりません。

　このような時に力を発揮する手法がモデル分析です。もちろん，データを収集して何らかの関係を読み取ることも有力な手段ですが，データから分かる関係は「相関関係」であり，「因果関係」ではありません。「相関関係は因果関係を含意しない (Correlation does not imply causation)」とも言われているので，因果関係を明らかにするためには，本章で説明するモデル分析が不可欠です。

　本章では，モデル構築の過程を以下のように捉え，それぞれについて説明します。

1	分析の課題を定める
2	分析の枠組みを定める
3	分析の枠組みを数式で表現する（抽象化する）
4	制約条件付き最適化問題として定式化する
5	解を導出する
6	解の性質を考察する
7	分析結果を具象化する（日常言語で表現する）

1　分析の課題を定める

モデル分析を行うためにまずすべきことは，分析課題の設定です。

実際の必要に迫られて分析する場合や，知的好奇心に駆られて分析する場合等，様々な場合がありますが，分析課題を設定する際に最も重要なことは「問い」の形で課題を表すことです。

たとえば，序章5でSWOT分析を行った後に「SO戦略とWT戦略のうちでどちらが望ましいのだろうか」という問いが浮かんだとすると，この問いが分析の課題となりますし，図0-14のように戦略の選択肢を並べた場合に「この並びが最適であろうか」と考えたとすると，この疑問も分析の課題となります。

① 複数の選択肢がある場合，どれが最適であろうか。
② 最適化を図る主体が複数存在する時，その連関の帰結はどのような状態であろうか。
③ その連関の帰結は経済全体として最適であろうか，もし経済全体として最適でないならば，改善するにはどうすればよいであろうか。

が分析の課題の基本であり，特に，③が経済学の伝統的関心事となっています。この③は「『部分最適』が『全体最適』になっているかどうかを分析課題としている」と言うこともできます。

また，視点を変えて，

① ある状態が最適化の結果として選択されるのは，どのような場合であろうか。
② ある状態が複数の主体の最適化の結果として実現するのは，どのような場合であろうか。
③ 最適化を図る複数の主体の連関の帰結を改善するために，ある政策が選択されるのはどのような場合であろうか。

を分析課題とすることもあります。

経済学では次の3つの方法が確立されているので，それらに基づいてこれらの諸課題を分析していくことになります。

> **各主体の最適値を求める方法**
> ・家計が予算制約の下で効用を最大化する方法
> ・企業が利潤を最大化する方法等
>
> **最適値の連関の結果を求める方法**
> ・完全競争市場において最適化を図る家計・企業の連関の結果を求める方法
> ・寡占市場において最適化を図る企業の連関の結果を求める方法等
>
> **その均衡値をより良い方向に導く政策を求める方法**
> ・課税や補助金によって社会的最適を達成する（＝厚生を最大化する）方法等

前述の，「コーヒーやジュースを無料にする代わりに広告を掲載する」という方法について考えているうちに，「どのような場合に，ある財を無料として他の財の広告を掲載するべきだろうか」という問いが思い浮かび，さらに具体的に，「自動販売機でコーヒー等の飲料を購入する間に自動販売機の画面に洋服のCMを流す，というプロモーションを行う際に，どのような状況であればその飲料を無料にすべきだろうか？」という疑問を抱いたとすると，この疑問もまた分析の課題となります。

本章の以下の諸節ではこの課題を例として，説明を進めていきます。

なお，学術研究の場合には，ミクロ経済学の権威者の1人であるヴァリアン（Hal Varian, 1947〜）が述べているように，興味深い分析課題を設定することが不可欠となります。

> 自分のアイデアが正しいかどうかを判断する前に，それが興味深いかどうかを立ち止まって考えるべきである。そのアイデアが興味深くなければ，誰も，それが正しいかどうかなど気にしないのである。

第 1 章　モデル分析思考入門

　2　分析の枠組みを定める　

　分析の課題を解決するためには，まず分析の枠組みを設定します。思考実験のための装置を作ると言うこともできます。

2.1　抽象的思考の重要性

　モデル分析の大前提として，現実を抽象化することの意義を認識する必要がありますが，そのような抽象的思考の意義を示す顕著な例が，「ケーニヒスベルク（Königsberg）の7つの橋」問題です。

　18世紀の初め頃に，図1-1左のように，プロイセン（Preußen）の首都ケーニヒスベルクの中央を流れる大きな川に7つの橋が架かっており，「どこから出発してもよいので，この川に架かっている7つの橋を2度通らずに，全て渡って，元の場所に戻ってこられるだろうか」ということが話題になっていました。

　この問題を解く時に，ケーニヒスベルクの町を実際に歩いてみることはとても大変ですし時間もかかります。そこで，数学者オイラー（Leonhard Euler, 1707〜1783）は図1-1右のように抽象化して，「一筆書きができるか」という課題とし，解決しました（一筆書きができないことを証明しました）。このように左図から右図のように現実を抽象化し，「一筆書きができるか」という問いを立てることがモデル分析の第1歩です。

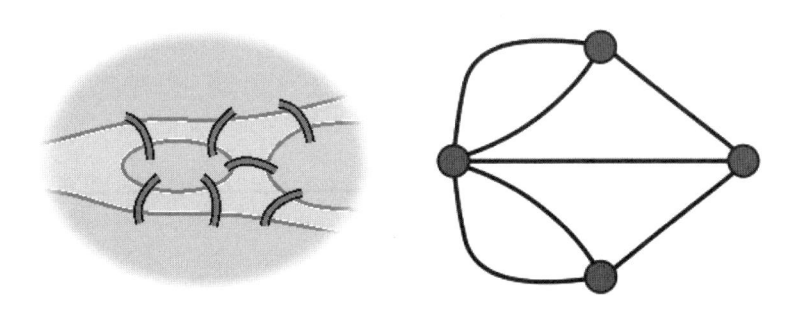

図1-1　「ケーニヒスベルクの7つの橋」問題

2.2 分析の枠組みの設定の基本方針

分析の枠組みの基本は,「省略」と「誇張」によるデフォルメです。すなわち,複雑な経済現象を複雑なまま分析するのではなく,分析課題の解決のために必要な側面のみに注目し,その側面を大きく取り上げます。

実際,本質に迫る上での「省略」の重要性はこれまで多くの研究者によって示されています。近代科学の父と言われるガリレオ・ガリレイ（Galileo Galilei, 1564～1642）は,空気抵抗を非本質的要因として捨象することにより,「全ての物体が同じ速度で落下する」ことを明らかにしましたし,アインシュタインもまた,「物事は可能な限りシンプルに,それよりシンプルにできないほどシンプルに留めるべきだ」という言葉を残しています。

「少ない前提⟵⟶多い前提」「因果の連鎖が明確⟵⟶不明確」の2つを軸として図1-2のように俯瞰する場合,本書の分析は第2象限（左上）に位置し,「少ない前提で因果の連鎖を明確に示し,これまで見過ごされていた因果の連鎖を明らかにすること」を目指します。

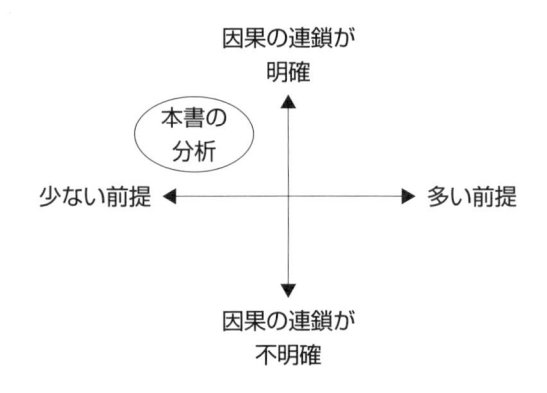

図1-2　本書の分析のポジショニング

人の心や世の中の状況をどのように認識するかは分析者によって異なりますので,それぞれの認識に応じて様々なモデルが形成されます。また,自然科学においては,地球の自転・公転,万有引力の法則等,考慮に入れなければならないことがらがありますが,経済や経営の分析においては,より自由に発想することができますし,しなければなりません。次のような夏目漱石

(1867〜1916) の「『三四郎』予告」[1]と共通する部分もあって文学的であり，そこに自然科学とは異なる知的興奮があります。

> 田舎の高等学校を卒業して東京の大学に這入つた三四郎が新しい空気に触れる。さうして同輩だの先輩だの若い女だのに接触して色々に動いて来る。手間は此空気のうちに是等(これら)の人間を放す丈(だけ)である。あとは人間が勝手に泳いで，自ら(おのずか)波瀾が出来るだらうと思ふ。(中略) たゞ尋常である。摩訶不思議は書けない。

戦略分析もこれと同様であり，「空気」を決め，「是等(これら)の人間を放」てば，「あとは人間が勝手に泳いで」最適値や均衡値が定まります。「空気を決める」「勝手に泳いで」は，本書の言葉では，それぞれ，「背景および登場主体を決める」「数学的手続きに従って」に相当します。

◗それぞれ，本章 2.3 および 2.4 で説明します。

2.3　背景および登場主体を定める

分析の枠組みを定める際の出発点は，分析対象とする主体を定めることです。小説に喩えると，どのような状況でどのような人々が登場するのかを定めることに相当します。最も簡素な形は「顧客と自社がある」という構造であり，競合他社を加えて「戦略三角形」を想定する場合も多くあります。

本節では，自社が顧客に対して2つの財（財1，財2）を販売している状況を考えます。財2を購入すると財1の購入が誘発されるものとし，「財2が財1の広告に用いられる財である」とします。たとえば，財1として洋服，財2としてコーヒーを想定すると，「コーヒーを無料にする代わりに洋服の広告を行う」場合について分析することとなります。以下では，財1を洋服，財2をコーヒーとする例に基づいて，分析を進めます。

2.4　各主体の目的および選択肢を定める

次に，「誰が何を目的として何をするのか」つまり，各主体の目的および

---

[1]　1908（明治41）年の『東京朝日新聞』『大阪朝日新聞』。

選択肢が何であるのかを定めます。小説で言えば，各登場主体のキャラクターの設定，つまり，どのような性格でどのようなことをしうるのかについて定めることに相当します。

目的については，企業であれば利潤最大化，政府であれば厚生最大化を目的とすることが経済分析では通例ですが[2]，最近では，他の目的を想定する必要性も唱えられています。

もう少し詳しく述べると，これまでの経済学，特に新古典派経済学は，①超合理的，②超自制的，そして，③超利己的な個人，すなわち「ホモ・エコノミカス（homo economicus）」を仮定して精緻なモデルを構築してきましたが，実際の人間はそれほど合理的でも自制的でも，あるいは利己的でもないことが明らかとなり，したがって，新たなモデルの構築が必要となってきています。実際，「7桁の数字の暗記のような認知的負荷の高い作業を行うと，体に悪いと分かっていても甘いものが欲しくなる」という実験結果もあり，最近の研究により，「人間の行動が理性のみならず，快・不快，公平・不公平のような情動に左右されること」が分かってきています。

本書では，モデル分析の手法を身につけていれば，そのような新しい人間観を摂取してモデルを継続的に改良することが可能であると考えます。つまり，「非ホモ・エコノミカスを仮定してモデルを構築すれば，『従来の経済学』と『新たな人間観』を接合することができる」ということを本書は信条としており，その試みの例として，利潤最大化や厚生最大化以外を目的としたモデルも構築し紹介します。

⮕Example 2.1，第3章1および第6章4を参照して下さい。

目的を定めたら次の作業は選択肢の設定ですが，この選択肢を定めるのが最も難しく，その時に役立つ方法が前述の俯瞰・掘り下げです。一般に，選択肢は，次の2つに大別されます。

---

[2] 厚生とは経済全体の利益であり，外部性がない場合は，家計，企業，政府の利益の総和です。外部性がある場合は，さらに外部性を加えたものとされます。詳しくは第2章を参照して下さい。

連続型の選択肢	数量,価格等
離散型の選択肢	財・サービスを販売する市場,協力関係を結ぶ相手(他社)等

　ここでは,自社が財 1 と財 2 の供給量を決めるものとし,財 1 の供給量を x,財 2 の供給量を y と表記します。

　⇒この場合は連続型の選択肢を考えています。

3　分析の枠組みを数式で表現する

　現代経済学の中心的存在であるサミュエルソン（Paul A. Samuelson, 1915～2009）は数学を1つの「言語」として経済分析の数学的体系を構築し，それ以来，多くの数学的分析が行われるようになっています。

　数式化には「意外な共通点を浮かび上がらせる」という利点もあります。金融商品の開発に用いられる「オプション理論」は「熱伝導理論」の応用によって誕生しましたが，このような発想は，数式化したからこそ可能になったと言えるでしょう。

3.1　関数と逆関数

　準備として関数や逆関数について整理すると次のようになります。

　2つの変数 x と y があって，(1) $y = 3x$，(2) $y = 2x^2$ のように y を x の式で表現できる場合，y は x の関数であるといいます。特に (1) は右辺が x の1次式になっているので，1次関数と呼び，(2) は右辺が x の2次式になっているので，2次関数と呼びます。また，(1) $y = 3x$，(2) $y = 2x^2$ について，x の関数であることを明示して，(1) $f(x) = 3x$，(2) $f(x) = 2x^2$ と表記することもよくあります。

　また，$y = f(x)$ を x について解いて $x = g(y)$ と表した時，$x = g(y)$ を $y = f(x)$ の逆関数と言います。たとえば $y = 4x - 1$ という関数がある時に，これを x について解いて，$x = \frac{y}{4} + \frac{1}{4}$ と表した時，この関数が $y = 4x - 1$ の逆関数です。

　価格と需要量の関係を表す関数を需要関数と呼びますが，価格が上昇すると需要量が減るのが通常であるので，財価格を p，財の需要量を x とすると，需要関数は，たとえば，$x = 10 - p$ と表されます。ただし，経済分析においては価格と需要量の関係をグラフにする時に価格が縦軸，需要量が横軸となるので，需要関数を p について解いて $p = \cdots$ の形にします。この場合は $p = 10 - x$ となりますが，この $p = \cdots$ の形にしたものを逆需要関数と呼びます。

第1章　モデル分析思考入門

➡需要関数および逆需要関数については第2章1.1も参照して下さい。

同様に，価格と供給量の関係を表す関数を供給関数と呼びますが，価格が上昇すると供給量が増えるのが通常であるので，財価格を p，財の供給量を x とすると，供給関数は，たとえば，$x = 2p$ と表されます。この場合も，価格と供給量の関係をグラフにする時に価格が縦軸，供給量が横軸となるので，供給関数を p について解いて $p = \cdots$ の形にします。この場合は，$p = \frac{x}{2}$ となりますが，この $p = \cdots$ の形にしたものを逆供給関数と呼びます。

➡供給関数および逆供給関数については第2章1.2も参照して下さい。

3.2　登場主体の特徴を関数で表現する

分析の枠組みを数式化する際には，過去の動き等に基づいて変数間の関係を関数で表現します。そのためには，日頃から，まず「何と何が関係しているのか」を意識する必要があります。たとえば，消費については，前述の「消費に与える要因」のところで説明したような様々な要因が変数となります。

次に，その関係について，「Aが増えたらBも増える」（＝「BがAの増加関数である」）のか，「Aが増えたらBが減る」（＝「BがAの減少関数である」）のか，あるいは「Aが増えてもBは不変」であるのかを考えます。

場合によっては，「Aが増えたらBも増える」時に，その増え方が徐々に大きくなるのか，変わらないのか，徐々に小さくなるのかを考える必要があり，あるいは，「Aが増えたらBが減る」時に，その減り方が徐々に増えるのか，変わらないのか，徐々に減るのかを考える必要があります。

消費を例にとると，仮に「所得と消費が関係する」と考える場合には，「所得が増えたら消費が増える」のか，あるいは「所得が増えたら消費が減る」のか，さらには，その増え方・減り方はどのようであるのかを検討します。

➡所得を M，消費を C と表記する時，$C = a + bM$（a は正の定数，b は $0 < b < 1$ を満たす数）と考えることが通例です。

諸変数間の関係を考える際には，「価格と需要量の関係」「生産量と費用の関係」等，様々な実証分析の結果を活用すると便利であり，経済学でよく活用される関係をまとめると次のようになります。

以下では，財1の価格を p，財2の価格を q，財1の生産量を x，財2の

価格と需要量の関係	価格が上昇すると需要量が減少する
価格と供給量の関係	価格が上昇すると供給量が増加する
消費量と効用の関係	消費量が増えると効用が増加するが，その増え方は消費量が増えるにつれて減少する
生産量と費用の関係	生産量が増えると費用が増加するが，その増え方は生産量の増加につれて増加する（費用逓増），あるいは，その増え方は一定である（限界費用一定）
所得と消費額の関係	所得が増加すると消費額が増加する

生産量をy，また，a，b，A，Bをそれぞれ定数とし，財1の逆需要関数および財2の逆需要関数をそれぞれ次のように設定します。

財1の逆需要関数：$p = a - b(x+y)$

財2の逆需要関数：$q = A - By$

① a：財1の需要量$(x+y)$がゼロの時の財1の価格を表す定数。すなわち，財1の価格がa以上になると財1の需要量がゼロとなる価格。

② b：財1の価格が1低下した時の財1の需要量の増加分を表す定数。

③ A：財2の需要量(y)がゼロの時の財2の価格を表す定数。すなわち，財2の価格がA以上になると財2の需要量がゼロとなる価格。

④ B：財2の価格が1低下した時の財2の需要量の増加分を表す定数。

aやAは英語でchoke priceと言われるものであり，「それ以上高いと高すぎて買えない」という価格です。bやBは逆需要関数の傾きであり，価格低下に伴う需要の増加を示しているので，大まかに言えば「価格低下に伴う需要増加の弾力性」を表しています。すなわち，bやBが小さい場合には価格弾力性が小さく，bやBが大きい場合には価格弾力性が大きいと言うことができます。

> ●厳密には，需要の価格弾力性とは，価格の変化率（％）に対する需要の変化率（％）であり，価格が1％変化した時に需要が何％変化するかを表します。
>
> 需要の価格弾力性＝$\left|\dfrac{需要の変化率}{価格の変化率}\right|$であり，価格を$P$，需要量を$D$とす

ると，数式では，$-\dfrac{\dfrac{dD}{D}}{\dfrac{dP}{P}} = -\dfrac{dD}{dP}\dfrac{P}{D}$ と表現されます。

また，費用については，財1の生産費用を1単位あたりc，財1を知ってもらうための費用を1単位あたりd，財2の生産費用を1単位あたりe，財2を知ってもらうための費用を0とします。

たとえば，価格をp，需要量をxとおいて需要関数を特定化する時に，$p = 10 - 2x$ のように定数や係数が具体的な関数とすることもできますし，あるいは「$p(x)$，ただし $p'(x) < 0$」のように抽象化して表現することもできますが，本書では，その中間をとって，「関数は具体的であるが，定数や係数は外生変数」とします。

3.3 連関を定める

次に，行動する順番，より詳しく言えば，「誰が何（変数や関数）を所与として何を決めるのか」について定めます。

最も単純な場合は，各企業が価格を所与として供給量を決める場合であり，そのような企業が存在する市場は完全競争市場と呼ばれます。

完全競争市場の対極は独占市場であり，独占市場における企業の設定としては，次の2つが標準的です。

> 需要関数を所与として供給量を決める
> 需要関数を所与として価格を決める

完全競争市場と独占市場の間には寡占市場があり，寡占市場における企業の設定としては，次の2つが標準的です。

需要関数および相手の生産量を所与として供給量を決める	数量競争を行う
需要関数および相手の価格を所与として価格を決める	価格競争を行う

ここでは，自社が独占企業でかつ供給量を決めるものとし，より具体的には，自社が財1および財2の需要関数を所与として各財の供給量（およびそ

の結果として価格）を決めるものとします。

なお，モデルの中で決まる変数を内生変数と呼び，それ以外の変数を外生変数と呼びます。言い換えれば，所与とする変数が外生変数であり，解として定まる変数が内生変数です。各経済主体にとっては外生変数であっても，モデル全体としては内生変数である場合もあります。家計および企業がそれぞれ，価格を外生変数として行動し，その結果として市場で価格が決まる場合がその例です。

　●第2章 1.1〜1.3を参照して下さい。

3.4　最適値を求める変数を決め，その変数の費用と便益を定める

最後に，どの変数を動かして最適化したいのかを定め，また，その変数の変化に伴う費用および便益の変化を関数として定めます。このように費用と便益に注目する分析は，「費用便益分析」と呼ばれ，経済学の中核的分析となっています。

たとえば，分析したい変数が企業の供給量である場合の費用・便益は次のとおりです。

> **費用**　「供給量の増加に応じて費用がかかる」ということを費用関数として表現します。価格受容者の時は限界費用増加（生産1単位あたりの費用が徐々に増える）とすることが通例であり，独占や寡占の時は限界費用一定（生産1単位あたりの費用が一定）とすることもあります。
> **便益**　供給量に価格をかければ収入となり，これが収入関数となります。

分析したい変数が家計の需要量である場合の費用・便益は次のとおりです。

> **費用**　財購入のための支出。
> **便益**　「需要量の増加に応じて効用が増える」ということを効用関数として表現します。

費用便益分析においては，このような便益と費用の差を最大化するように変数を決定します。

第 1 章　モデル分析思考入門

4　制約条件付き最適化問題として定式化する

次に,「誰が何を前提として何を最適化するのか」を明確化し,制約条件付き最適化問題として定式化します。

4.1　制約条件付き最適化問題の構成要素

具体的には,以下の 3 つを定めます。

目的関数	最適化すべき関数(費用と便益から構成されます)
戦略変数	最適化するために動かす変数
制約条件	自分で動かすことができない条件(関数として表現されます)

今考えている課題の場合,目的関数は,

$$\pi = p(x+y) + qy - c(x+y) - dx - ey$$

であり,戦略変数は x および y となります。制約条件は,財 1 および財 2 の需要関数,

$$p = a - b(x+y)$$
$$q = A - By$$

であるので,制約条件付き最適化問題は,

$Max\ \pi = p(x+y) + qy - c(x+y) - dx - ey$

with respect to x and y

subject to $p = a - b(x+y)$
$\qquad\qquad q = A - By$

と定式化されます。

> ❍with respect to〜とは「〜を戦略変数として(〜を動かすことによって)」という意味であり,subject to〜(あるいは略して sub. to〜)とは「〜の制約の下で」という意味です。

ここで,制約条件を目的関数に代入すると,最適化問題は,

$Max\ \pi = \{a - b(x+y)\}(x+y) + (A-By)y - c(x+y) - dx - ey$

with respect to x and y
に帰着します。

　　⬤一般に，制約条件付きの最適化問題は，制約条件を目的関数に代入すると制約条件なしの最適化問題に帰着します。

4.2　制約条件付き最適化問題を解くための数学的基礎

　制約条件付き最適化問題を解くにあたって必要な数学的基礎を整理すると以下のようになります。

＜微分＞
　ある関数を微分するとは，そのグラフの傾きを求めることを意味します。
　最大値（極大値）や最小値（極小値）においては傾きがゼロとなっているので，微分してゼロとおくことによって，最大値や最小値を求めることができます。

　　⬤経済学ではこの条件を 1 階の条件と呼びます。

　厳密には，その解において $\frac{\partial^2 f}{\partial x^2} < 0$ が成り立つならば，その解は関数 f の極大値となり，その解において $\frac{\partial^2 f}{\partial x^2} > 0$ が成り立つならば，その解は関数 f の極小値となります。

　　⬤経済学ではこの条件を 2 階の条件と呼びます。

　微分の主な公式は以下のとおりです。

① x^n を微分すると nx^{n-1}

② $\log x$ を微分すると $\frac{1}{x}$

③ $f(x)g(x)$ を微分すると $f'(x)g(x) + f(x)g'(x)$

④ $\frac{f(x)}{g(x)}$ を微分すると $\frac{f'(x)g(x) - f(x)g'(x)}{\{g(x)\}^2}$

⑤ $f(g(x))$ を微分すると $f'(x)g'(x)$

<偏微分>

偏微分とは変数が2つ以上ある関数を各変数で微分することを意味します。

たとえば，xとyを含む関数をxについて微分することをxで偏微分すると呼び，yについて微分することをyで偏微分すると呼びます。それぞれは $\dfrac{\partial f}{\partial x}$, $\dfrac{\partial f}{\partial y}$ と表現されます。

変数が1つしかない微分では $\dfrac{df}{dx}$ や $\dfrac{df}{dy}$ と書きますが，偏微分ではdを丸くして∂と書きます。たとえば，$f(x,y)=x^2+3xy+y^2$ を，

xで偏微分すると，$\dfrac{\partial f}{\partial x}=2x+3y$

yで偏微分すると，$\dfrac{\partial f}{\partial y}=3x+2y$

となります。xで微分する時はyを定数とみなすのでy^2は消えており，同様にyで微分する時はxを定数とみなすのでx^2は消えています。

変数が2つの場合の最適化問題も，変数が1つの場合と同様であり，xとyを変数として最適化を図る場合には，$\dfrac{\partial f}{\partial x}=0$ および $\dfrac{\partial f}{\partial y}=0$ を x および y について解くことによって最適値が求まります。

◯経済学ではこの条件を1階の条件と呼びます。

厳密には，その解において $\dfrac{\partial^2 f}{\partial x^2}<0$ および $\dfrac{\partial^2 f}{\partial y^2}<0$, $\dfrac{\partial^2 f}{\partial x^2}\dfrac{\partial^2 f}{\partial y^2}-\left(\dfrac{\partial^2 f}{\partial xy}\right)^2>0$ が成り立つならば，その解は関数fの極大値となり，

その解において $\dfrac{\partial^2 f}{\partial x^2}>0$ および $\dfrac{\partial^2 f}{\partial y^2}>0$, $\dfrac{\partial^2 f}{\partial x^2}\dfrac{\partial^2 f}{\partial y^2}-\left(\dfrac{\partial^2 f}{\partial xy}\right)^2<0$ が成り立つならば，その解は関数fの極小値となります。

◯経済学ではこの条件を2階の条件と呼びます。

<ラグランジュ未定乗数法>

$F(x,y)$ を $G(x,y)=0$ の制約の下で最大化あるいは最小化したい場合，ラグランジュ関数を，

$L=F(x,y)+\lambda G(x,y)$

と定義すると，最適化条件は，

$$\frac{\partial L}{\partial x} = \frac{\partial F}{\partial x} + \lambda \frac{\partial G}{\partial x} = 0$$

$$\frac{\partial L}{\partial y} = \frac{\partial F}{\partial y} + \lambda \frac{\partial G}{\partial y} = 0$$

$$\frac{\partial L}{\partial \lambda} = G(x, y) = 0$$

となります。

➔経済学ではこの条件を1階の条件と呼びます。

厳密には，その解において $\frac{\partial^2 L}{\partial x^2} < 0$ および $\frac{\partial^2 L}{\partial y^2} < 0$, $\frac{\partial^2 L}{\partial x^2}\frac{\partial^2 L}{\partial y^2} - \left(\frac{\partial^2 L}{\partial xy}\right)^2 > 0$ が成り立つならば，関数 L はその解において最大となり，

その解において $\frac{\partial^2 L}{\partial x^2} > 0$ および $\frac{\partial^2 L}{\partial y^2} > 0$, $\frac{\partial^2 L}{\partial x^2}\frac{\partial^2 L}{\partial y^2} - \left(\frac{\partial^2 L}{\partial xy}\right)^2 < 0$ が成り立つならば，関数 L はその解において最小となります。

➔経済学ではこの条件を2階の条件と呼びます。

＜積分＞

ある関数 $f(x)$ を微分すると $f'(x) = 3x^2$ となる時，もとの関数 $f(x)$ が $f(x) = x^3$ となるかというと，そうとは限りません。定数項を微分すると，すべて0となるので，$f(x) = x^3 + 1$，$f(x) = x^3 + 2$ も答えになりうるからです。

したがって，もとの関数は1つに定まらないので，それら定数を記号 C と表し，

$$f(x) = x^3 + C$$

と表します。C は constant（定数）を表し，積分定数と呼ばれます。また，新しく，$f(x)$ から生成された関数（上の場合では $f(x) = x^3 + C$）を求めることを，不定積分（indefinite integral）をすると言います。

一般に，記号で表現すると，

$$\int f(x)\,dx = F(x) + C \quad (C は積分定数)$$

となり，$\int$ を「インテグラル（integral）」と呼びます。

上の関係を言葉で表現すると，

$F(x)+C$ を微分すると，$f(x)$ となる

$f(x)$ を積分すると，$F(x)+C$ となる

となります。

積分の公式としては，

x^n を積分すると，$\dfrac{1}{n+1}x^{n+1}+C$

が最も重要であり，

$\dfrac{1}{x}$ を積分すると，$\log x + C$

もまたよく用いられます。

＜定積分＞

関数 $y=f(x)$ の不定積分の1つを $F(x)$ とし，それに積分定数 C を加えたものを，$G(x)$ とします。つまり，これを記号で表すと，

$$\int f(x)\,dx = F(x)+C = G(x)$$

となります。

この時，2つの実数 a，b について，$G(b)-G(a)$ の値を考えると，$G(x)=F(x)+C$ ですから，

$$G(b)-G(a)=(F(b)+C)-(F(a)+C)=F(b)-F(a)$$

となります。このように，不定積分で求めた式へ2つの値を代入し，その差をとると積分定数 C に関係しない値となります。

この値，$F(b)-F(a)$ を，$y=f(x)$ の a から b までの定積分（definite integral）と呼び，

$$\int_a^b f(x)\,dx$$

と書きます。また，$F(b)-F(a)$ を記号 $[F(x)]_a^b$ で表します。

＜定積分の図形的意味＞

区間 $[a,b]$ で $f(x)\geqq 0$ とし，曲線 $y=f(x)$ と x 軸，および2直線 $x=a$，$x=b$ で囲まれた部分の面積 S は，

$$S = \int_a^b f(x)\,dx = [F(x)]_a^b = F(b) - F(a)$$

となります。

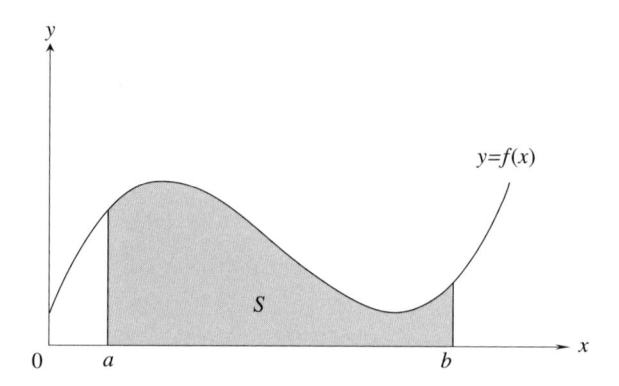

5 解を導出する

次に,制約条件付き最適化問題を解きます。つまり,様々な制約条件の下で,目的関数を最適化するように戦略変数の値を定めます。

一般には,次のとおりです。

離散変数の場合	比較により解が導かれます
連続変数の場合	微分により解が導かれます

5.1 離散変数の場合の解の導出

たとえば,戦略の選択肢が次の3つであるとします。

① 戦略1をとった場合の収入＝100,費用＝40
② 戦略2をとった場合の収入＝200,費用＝180
③ 戦略3をとった場合の収入＝50,費用＝10

この時,利潤（＝収入－費用）の最大化を図るならば,

① 戦略1をとった場合の利潤＝100－40＝60
② 戦略2をとった場合の利潤＝200－180＝20
③ 戦略3をとった場合の利潤＝50－10＝40

を比較して,「戦略1をとるべきである」と結論づけられます。

5.2 連続変数の場合の解の導出

これに対して,今考えている課題の場合には,変数が連続であり,しかも2変数であるので偏微分によって解を求めることになります。

すなわち,利潤最大化条件より,

$$\frac{\partial \pi}{\partial x} = a - b(x+y) - b(x+y) - c - d = 0 \tag{1}$$

$$\frac{\partial \pi}{\partial y} = a - b(x+y) - b(x+y) + A - 2By - c - e = 0 \tag{2}$$

が導かれ,これらの2式より $A - 2By + d - e = 0$ が得られ,y について解くことにより,

$$y = \frac{A+d-e}{2B}$$

が得られ，この式を $q = A - By$ に代入することにより，

$$q = \frac{A-d+e}{2}$$

が得られます。

したがって，「$A - d + e \leqq 0$ が成立する場合には無料となる」と結論づけられます。

なお，この時，(1)式より，

$$x + y = \frac{a-c-d}{2b}$$

となります。

なお，経済学においては解を均衡と呼ぶことが多くありますが，

主体的均衡	1人の主体が最適化問題を解くことによって定まる解
市場均衡	複数の主体が最適化問題を解き，市場での需給の一致の結果として定まる解

の2つが代表的です。均衡とは2つ以上の数がつりあう状態であり，次のように2つがつりあっているので，均衡と呼ばれています。

① 主体的均衡においては，限界費用と限界便益がつりあっており，

 ➡「費用を微分した」値と「便益を微分した値」が等しくなるということです。

② 市場均衡においては，需要と供給がつりあっています。

両者の融合もあり，「市場均衡を前提として政府の主体的均衡を求める」すなわち「市場均衡を前提として政府が最適化問題を解く」こともあります。

今考えている例の解は，限界費用と限界便益がつりあっているので，主体的均衡です。

6 解の性質を考察する

ここにおいて，解が外生変数によって表現されますので，解の性質を考察することが可能となります。

6.1 比較静学による考察

解の性質の考察として代表的な手法が比較静学です。比較静学を行うとは，外生変数の値の変化に応じて解（すなわち内生変数）がどのように変化するかを調べることであり，比較静学を行う場合には，外生変数を1つずつ変化させます。

たとえば，本章5で求めた解，

$$q = \frac{A-d+e}{2}$$

$$x+y = \frac{a-c-d}{2b}$$

について比較静学を行ってみましょう。

この場合，外生変数は a, b, c, d, e, A の6つあり，それぞれの外生変数の変化が解に及ぼす影響は，それぞれ以下のようになります。

① A が小さくなると，q も小さくなり，A が大きくなると，q も大きくなる。

② d が小さくなると，q および $x+y$ は大きくなり，d が大きくなると，q および $x+y$ は小さくなる。

③ e が小さくなると，q も小さくなり，e が大きくなると，q も大きくなる。

④ a が小さくなると，$x+y$ も小さくなり，a が大きくなると，$x+y$ も大きくなる。

⑤ b が小さくなると，$x+y$ は大きくなり，b が大きくなると，$x+y$ は小さくなる。

⑥ c が小さくなると，$x+y$ は大きくなり，c が大きくなると，$x+y$ は小さくなる。

実際の分析においては，全ての外生変数について比較静学した上で，特徴のある結果のみをまとめることが通例です。また，比較静学を行うことにより，解に強い影響を与える外生変数が分かるので，KPI（Key Performance Index）やCSF（Chief Success Factor）を見つけることに役立つと考えられます。

6.2　解の比較による考察

　分析課題によってはいくつかの場合に分けて解を求めることがありますが，その時には，それらの解を比較することによって解の性質を考察することになります。

7 分析結果を具象化する

　以上のように，比較静学を行うことによって，各外生変数の変化が解（内生変数）に与える影響を知ることができましたが，それだけでは分析結果の意味がまだはっきりしません。そこで，「数学言語」として表現されている外生変数や解（内生変数）の意味をもう一度確認し，分析結果を「日常言語」にして具象化する必要があります。本章2で定めた，コーヒーと洋服を販売対象とする例に基づいて具象化していきましょう。

数学言語	日常言語
A が小さい	→コーヒーを飲むのにあまり多く支出したくない
d が大きい	→洋服を知ってもらうための費用が高い
e が小さい	→コーヒーの製造単価が安い

　このようにして，分析結果を日常言語化すると以下のようになります。

> ① コーヒーを飲むのにあまり多く支出したくない
> ② 洋服を知ってもらうための費用が高い
> ③ コーヒーの製造単価が安い

　このような場合には，広告として用いているコーヒーの価格が低下します。
　また，コーヒー（財2）の価格が1増加した時の需要の増加分は，$y = \frac{1}{B}(A-q)$ を q で微分することにより，$-\frac{1}{B}$ であり，これには「−」がついていることから，q が大きくなると需要量が小さくなることが分かります。
　ここで，B が小さくなると q の低下に伴う需要量の増加が大きくなるので，「コーヒー価格の低下に伴う需要の増加が多い場合には（「B が小さい」に対応），洋服の販売量が多い」と言うことができます。
　以上，具体的現実から分析課題を定め，「数学言語」に基づいて分析の枠組みを設定して抽象的推論を重ねて解を導出し，そして，解を「日常言語」

に「翻訳」して再び具象化しました。このように，抽象と具象とを行き交い，ホワイトヘッド（Alfred North Whitehead, 1861～1947）が主張するように，「具象と抽象の階段を昇り降りする」ことがモデル分析においては不可欠です。

第1章　モデル分析思考入門

8　最適化のないモデルから最適化のあるモデルへ（1）

　本章 1 から 7 において説明したモデル分析をより深く理解するために，ここで，「最適化問題のないモデル分析」を紹介し，そのモデルに最適化問題を組み入れる方法について説明します。

　ここでは，最適化問題のないモデルとしてケインズ・モデルを考えます。ケインズ・モデルとは，GDP がどのように決定されるのか，そして経済政策がその GDP にどのように影響を与えるのかを明らかにするモデルです。ケインズ・モデルは様々に発展し，多くのモデルが考案されていますが，ここではその中で最も基礎となるモデルに焦点を当てます。なお，ここでは，議論を明確化するために単位を明記します。

8.1　分析の課題

　GDP がどのように定まり，政府支出によって GDP がどのように変化するのかについて分析します。

8.2　分析の枠組み

CASE 1 政府支出が行われていない場合

　家計と企業から構成される経済を考えます。

　企業は財を生産して家計に販売するものとし，家計は以下の性質を持っているものとします。

① 所得が増えると消費にあてる金額が増える。

② 所得が仮にゼロでも一定金額分の消費を行う。

　➡この消費を「基礎消費」と呼びます。

③ 所得が増えるとその一定割合を消費にあてる。

　➡この一定割合を「限界消費性向」と呼びます。

　企業は家計の消費に見合うように生産・販売してその収入の全てを家計に渡すものとし，家計はその金額に基づいて消費を行うものとします。

　➡利潤＝収入－費用であるので，収入＝利潤＋費用となりますが，利潤は配

79

当として家計のものとなり，費用は賃金として家計のものとなります。
　「生産個数＝消費個数」のとき，経済は均衡状態にあり，均衡状態にある時の GDP（＝価格×生産個数）を均衡 GDP と呼びます。

CASE 2　政府支出が行われている場合
　政府が登場し，企業は家計および政府の消費に見合うように生産・販売するものとします。それ以外は CASE 1 と同様とします。

8.3　数式化
CASE 1　政府支出が行われていない場合
　家計の所得を M 円，消費にあてる金額を C 円とするとき，家計は $C = a + bx$ 円分の消費を行うものと特定化します。1 個あたりの価格を 1 円とします。

CASE 2　政府支出が行われている場合
　政府は生産物を 1 個 p 円で G 円分購入するものとします。

8.4　解の導出
CASE 1　政府支出が行われていない場合
　この時，経済が均衡している場合の生産個数および GDP（＝価格×生産個数）を求めると以下のようになります。
　求める生産個数を x とおくと，1 個あたり 1 円で家計に販売するので，企業の収入＝ x 円となります。この企業の収入が家計の所得になるので，家計の所得は x 円となり，家計は $C = a + bx$ 円分の消費を行うこととなります。1 個あたり 1 円であるので，家計の消費個数は $a + bx$ 個となります。
　経済が均衡するためには，「生産個数＝消費個数」となるので，$x = a + bx$ が成立します。この式を解くことにより，$x = \dfrac{a}{1-b}$ 個が得られ，1 個あたり 1 円ですから，GDP $= 1 \times \dfrac{a}{1-b} = \dfrac{a}{1-b}$ 円となります。

第1章 モデル分析思考入門

CASE 2 政府支出が行われている場合

経済が均衡する時の生産個数および GDP は次のように求まります。

家計用に生産する個数を x とおき，政府用に生産する個数を g とおくと，$g = \dfrac{G}{p}$ 個となります。この場合は家計へは1個あたり1円で販売し，政府へは1個あたり p 円で販売するので，企業の収入 $= 1 \times x + p \times \dfrac{G}{p} = x + G$ 円となります。この企業の収入が家計の所得になるので，家計の所得は $x + G$ 円となり，家計は $C = a + b(x + G)$ 円分を消費することになります。1個あたり1円であるので，家計の消費個数は $a + b(x + G)$ 個となります。これに加えて政府が $\dfrac{G}{p}$ 個消費するので，総消費個数は $a + b(x + G) + \dfrac{G}{p}$ 個となります。

経済の均衡条件「生産個数＝消費個数」より，$x + \dfrac{G}{p} = a + b(x + G) + \dfrac{G}{p}$ が成立し，この式を解くことにより，$x = \dfrac{a + bG}{1 - b}$ 個となり，したがって，総生産個数は $x + \dfrac{G}{p} = \dfrac{a + bG}{1 - b} + \dfrac{G}{p}$ 個となります。

この場合，家計へは1個あたり1円で販売し，政府へは1個あたり p 円で販売するので，均衡 GDP $= 1 \times \dfrac{a + bG}{1 - b} + p \times \dfrac{G}{p} = \dfrac{a + bG}{1 - b} + G$ 円となります。

8.5 解の性質の考察

CASE 1 より，次のことが分かります。

① a が増加する場合や b が増加する場合には GDP が増加する

また，CASE 1 と CASE 2 の比較より，次のことが分かります。

② 政府が登場する前に比べ GDP は $\dfrac{a + bG}{1 - b} + G - \dfrac{a}{1 - b} = \dfrac{G}{1 - b}$ 円増加する

③ 乗数 $\left(= \dfrac{\text{GDP の増加分}}{\text{政府支出}} \right) = \dfrac{G}{1 - b} \dfrac{1}{G} = \dfrac{1}{1 - b}$ となる

8.6 分析結果の具象化

以上の分析結果を日常言語に具象化すると次のようになります。

① 基礎消費や限界消費性向が増加すると GDP が増加する

② 政府支出を行うと GDP が増加する

③ 乗数 $= \dfrac{1}{1 - \text{限界消費性向}}$ となり，政府支出額が等しければどのような

支出の仕方をしてもGDPの増加分および乗数は変わらない

8.7 最適化問題を組み入れる

　以上のモデルは,「均衡値の決定」および「外生変数の変化がその均衡値に与える影響の分析」を目的として構築されており,その役割を十分に果たしていますが,最適化は行われていません。このモデルにおいて仮に,「GDPの最大化」を目的として最適値を求めると,解は「政府支出が多ければ多いほどよい」となってしまい,現実的妥当性が不十分です。

　そこで,以下では分析を拡張し,このモデルに最適化問題を組み入れることを試みます。本章3で述べたように,

① 分析したい変数と費用の関係

② 分析したい変数と便益の関係

が分かっている場合には,その便益と費用の差を最大化することが可能となるので,以下では分析の枠組みを拡張して,「政府支出を行うには費用がかかる」と仮定し,また,GDPからその費用を引いた値を厚生 W と定義し,「その厚生を最大化するように G を定める」と仮定します。

　数式化については,「政府支出を G 増加するには cG^2 の費用を要する」と設定すると,政府支出が G の時の厚生 W は,GDPから費用を引いた値として,

$$W = \frac{a+bG}{1-b} + G - cG^2$$

となります。

　したがって, W を最大化する G は $\frac{dW}{dG} = \frac{1}{1-b} - 2cG = 0$ より,

$$G = \frac{1}{2c(1-b)}$$

となり,ここにおいて最適値が求まります。

　このようにして,最適化のないモデルを活用して,最適化のあるモデルを構築することが可能となります。

9 最適化のないモデルから最適化のあるモデルへ（2）

ここでもまた，本章7までに学んだモデル分析をより深く理解するために，本章8に続いて最適化のないモデルを取り上げます。「解くべき問題はあるが，それが最適化問題でない」という点が本章8との違いです。

9.1 分析の課題

ある目標時点でのイベントに向けて集客のためのプロモーションを行う時，イベント開催時点で目標人数に達するためにはいつプロモーションを行うべきかについて考えます。

9.2 分析の枠組み

ある目標時点でのイベントに向けて，集客のためのプロモーションを2回行うことができるものとします。1回目のプロモーションを行うと，クチコミ等によってそのイベントについて知る人数が増え，2回目のプロモーションを行うと，2回目のプロモーション実施時点において知っていた人数に加えて，クチコミ等によってさらに人数が増えるものとします。分析を簡素化するために，イベントについて知っていれば必ずイベントに参加するものとし，また，1回目のプロモーションの実施時期を0期とします。目標時点をT期とし，その時にF人に達することを目的とするものとします。

9.3 数式化

1回目のプロモーションを行うと，そのx期後には$x(a-bx)$人がそのイベントについて知ることになり，2回目のプロモーションを行うと，そのτ期後には，2回目のプロモーション実施時点において知っていた人数に$\tau(a-b\tau)$人を加えた人数がそのイベントについて知ることになるものとします。

この時，2回目のプロモーションの実施時期をx期とすると，$x+\tau$期後においてイベントについて知っている人数は，

$x(a-bx)+\tau(a-b\tau)$

となります。

9.4 方程式としての定式化

目標時点が T 期，その時の目標人数が F 人であるので，解くべき問題は，

$x(a-bx)+\tau(a-b\tau)=F$

subject to $x+\tau=T$

となり，制約条件を代入することにより，

$x(a-bx)+(T-x)\{a-b(T-x)\}=F$

という方程式に帰着します。

9.5 解の導出

$x(a-bx)+(T-x)\{a-b(T-x)\}=F$

を整理することにより $2bx^2-2bTx-aT+bT^2+F=0$ となり，

$$x=\frac{bT\pm\sqrt{b^2T^2+2b(aT-bT^2-F)}}{2b}$$

が得られますが，$x>0$ でなくてはならないので，

$$x=\frac{bT+\sqrt{b^2T^2+2b(aT-bT^2-F)}}{2b}$$ となります。

9.6 解の性質の考察

したがって，次の2つが得られます。

① a が大きくなると x が大きくなり，b が大きくなると x が小さくなる

② T が大きくなると x が小さくなる

9.7 分析結果の具象化

以上を日常言語に具象化すると，次のようになります。

① イベントの効果が小さくなると2回目のプロモーションの実施時期が早くなる

② 目標時点が遅くなると2回目のプロモーションの実施時期が早くなる

9.8 最適化問題を組み入れる

ここで，以上のモデルに最適化問題を組み入れることを試みます。

目標時点 T 期において知っている人数を N とし，N を最大化するものとすると，解くべき問題は，

Max $N = x(a-bx) + \tau(a-b\tau)$

with respect to x and τ

subject to $x + \tau = T$

となり，制約条件を代入することにより，

Max $N = x(a-bx) + (T-x)\{a-b(T-x)\}$

with respect to x

となります。最適化条件は，

$\dfrac{dN}{dx} = -4bx + 2bT = 0$

となるので，$x = \dfrac{T}{2}$ が得られます。

したがって，「プロモーションの実施時期はプロモーションの効果とは無関係に定まり，また目標時点が遅くなるとプロモーションの実施時期も遅くなる」と言うことができます。

Example 1.1 販売戦略のモデル分析——財の品質 vs 店舗の快適性

1 分析の課題

喫茶店を例にとる場合，喫茶店を，「コーヒーを飲む場所」と捉える顧客に対しては，「コーヒーの質を高めること」が戦略となりうるでしょうし，「打ち合わせ場所」と考える顧客に対しては，「場所としての機能を高めるために，パソコンを使用しやすいように電源を設置すること」が戦略となりうる，と序章3で述べましたが，どちらの場合においても，「顧客が来店時に注文し，その後の滞在時間が長くなるにつれて追加注文が増える」という状況を対象としていると抽象化できます。

そこで，ここでは，顧客に来店時にいくら支出してもらい，その後どのくらい滞在してもらうとその喫茶店の利潤が最大化されるのかについて考えます。

2 分析の枠組み

顧客が来店時に注文し，その後滞在時間が長くなるにつれて注文が追加される，という状況を分析対象とします。顧客の最初の支出を増やすためにも，顧客の滞在時間を増やすためにも費用がかかるものとします。

→顧客の最初の支出を増やすには良い財・サービスを用意しなければならず，顧客の滞在時間を増やすには店内の環境を良くしなければならないという仮定です。

顧客の最初の支出額を P，経過時間を t と表記します。

3 数式化

顧客の支出限度額を M とする時，総支出額 E が，a を正の定数として，
$$E = P(1 + at)$$
という式で表現されるものと特定化します。

この式は $t=0$ の時（つまり来店時）の支出が P，その後 t の経過につれて

E が増加するが，P が大きいほどその増え方が大きいことを表しています。

また，最初の支出を P にするための費用を cP^2，滞在時間を t にするための費用を dt^2 と特定化します。ただし，c および d は正の定数です。

❍ cP^2 は良い財・サービスを提供するための費用，dt^2 は店舗を快適にするための費用です。

4 最適化問題としての定式化

この時，この喫茶店の利潤 π は，$\pi = P(1+at) - cP^2 - dt^2$ となるので，最適化問題は，以下のように定式化されます。

$Max \ \pi = P(1+at) - cP^2 - dt^2$

with respect to P and t

5 解の導出

最適化条件は，利潤関数を各変数について偏微分してゼロとおくことであるので，

$$\frac{\partial \pi}{\partial P} = (1+at) - 2cP = 0$$

$$\frac{\partial \pi}{\partial t} = Pa - 2dt = 0$$

となり，これらの2式より，

$$P = \frac{2d}{4cd - a^2} \quad \text{および} \quad t = \frac{a}{4cd - a^2}$$

が得られます。

6 解の性質の考察

上で求めた P および t について，比較静学を行うと，次のことが分かります。

① a が増えると P および t が増え
② c および d が増えると P および t が減る

7 分析結果の具象化

この比較静学の結果を日常言語に具象化すると，喫茶店が利潤を最大化するためには，

① 滞在時間が長くなるにつれて支出が増える程度が大きいならば，最初に販売する財・サービスの質が高まると同時に滞在時間が長くなる

② 最初に販売する財・サービスの質を高めるための費用が増えても，滞在時間を長くするための費用が増えても，最初に販売する財・サービスの質が低まると同時に滞在時間が短くなる

となります。

Example 1.2　商品企画のモデル分析

1　分析の課題

　財・サービスには，おもしろさ，新しさ，おいしさ，なつかしさ，安全性等，様々な要素がありますが，ここでは，財・サービスをそのような要素に分解して商品企画を行う際に，どの要素をどの値にするのが最適であるのかについて考えます。

2　分析の枠組み

　ここでは，財・サービスが2つの要素から構成され，それらの合成が一定値を超えると購入するものとし，企業がどのようにその2要素を設定するかを考えます。

3　数式化

　2つの要素の合成が一定値 $\overline{U}$ を超えると購入するものと仮定し，さらにその時の購入者数を $N(\overline{U})$ とします。2つの要素を合成する式を $x+y$ とし，また $N(\overline{U})=\overline{U}$ と特定化します。

　さらに，当該企業の財・サービスの現状の位置を (a,b) とし，(a,b) から (X,Y) に移動させるための費用を $C(X,Y)=c(a-X)^2+d(b-Y)^2$ とします。また，ここでは，価格を1と仮定します。

　　⊃記号を増やさないための単純化の仮定です。

　たとえば，a はおもしろさの程度を，b は新しさの程度を意味します。

4　最適化問題としての定式化

　以上の設定において，解くべき問題は，

$Max\ \pi = \overline{U} - c(a-X)^2 - d(b-Y)^2$

$with\ respect\ to\ X\ and\ Y$

$subject\ to\ X+Y \geqq \overline{U}$

となり，制約条件を代入することにより，

$Max\ \pi = \overline{U} - c(a-X)^2 - d(b-\overline{U}+X)^2$

（あるいは $Min\ c(a-X)^2 + d(b-\overline{U}+X)^2$）

with respect to X

に帰着します。

　●制約条件のある最適化問題は，制約条件を目的関数に代入すると制約条件のない最適化問題となります。

5　解の導出

この時，企業の利潤を π とおくと，$\overline{U}$ が所与である場合には，最適化条件が，

$$\frac{d\pi}{dX} = 2c(a-X) - 2d(b-\overline{U}+X) = 0$$

となり，X について解くことにより，

$$X = \frac{ac + d(\overline{U}-b)}{c+d}$$

が得られ，この式を $X+Y=\overline{U}$ に代入して Y について解くことにより，

$$Y = \overline{U} - \frac{ac + d(\overline{U}-b)}{c+d} = \frac{bd + c(\overline{U}-a)}{c+d}$$

が得られます。

6　解の性質の考察

比較静学を行うと以下のようになります。

① a が増加すると X が増加して Y が減少し，b が増加すると X が減少して Y が増加する

② c および d が増加すると X および Y が増加する

③ $\overline{U}$ が増加すると X および Y が増加する

7　分析結果の具象化

この分析結果を日常言語に具象化すると，以下のようになります。

① ある要素の初期値が増加すると，その要素をさらに増加し他の要素を

減らすべきである
② ある要素を増加するための費用が増加すると，全ての要素を減らすべきである
③ 顧客が望む価値が増加すると，全ての要素を増加すべきである

＜Extention――$\overline{U}$ が所与でない場合への拡張＞

$\overline{U}$ が所与でない場合には，最適化問題は，

Max $\pi = \overline{U} - c(a-X)^2 - d(b-Y)^2$

with respect to X and Y

subject to $X + Y \geqq \overline{U}$

となり，制約条件を等号として目的関数に代入することにより，

Max $\pi = X + Y - c(a-X)^2 - d(b-Y)^2$

with respect to X and Y

に帰着します。

この時，最適化条件は，

$\dfrac{\partial \pi}{\partial X} = 1 + 2c(a-X) = 0$

$\dfrac{\partial \pi}{\partial Y} = 1 + 2d(b-Y) = 0$

となり，両者を解くことにより，

$X = \dfrac{1+2ac}{2c}$ および $Y = \dfrac{1+2bd}{2d}$

が得られます。

Example 1.3　産業構造転換政策のモデル分析

1　分析の課題

　生活必需財（たとえば食料）を自国で生産するための費用が高いので，輸出財（自動車，家電製品等）を輸出してその収入で生活必需財を輸入している国について，その国が産業構造を転換して自国で生活必需財を生産する条件について考えます。

2　分析の枠組み

　生活必需財（たとえば食料）のみを消費している国を分析対象とします。その国が生活必需財を手に入れるためには，

① 　自国でその生活必需財を生産する

② 　輸出財を生産・輸出し，その収入で生活必需財を輸入する

の2つの手段があるものとします。また，生産要素は労働のみとします。

　●最も簡素な設定です。

　自国での生活必需財生産については1人あたり a 個生産し，輸出財生産については1人あたり b 個生産するものとします。その国の総労働人口は L 人であり，また，自国での生活必需財生産にあてる労働者数を x，輸出財生産にあてる労働者数を y とします。

　輸出財は1個あたり p 円で売れ，外国から生活必需財を輸入する際の価格は1個あたり q 円とします。輸出財価格 p は総供給量が増えるにつれて低下するものとし，q については，分析を簡素化するために一定であるものとします。

3　数式化

　自国が輸出財生産に y 人の労働者をあてて by の量の生産をして輸出し，また外国による輸出財供給が z であって総供給量が $by+z$ の時に，輸出財価格 p が $p = A - (by+z)$ となるものとします。

➡分析を簡素化するために $p = A - B(by + z)$ において $B = 1$ としています。

この時，自国の生活必需財消費量 C は $C = ax + \dfrac{pby}{q}$ における p に $p = A - (by + z)$ を代入することにより，

$$C = ax + \frac{\{A - (by + z)\}by}{q}$$

となります。

4　最適化問題としての定式化

ここで，自国消費者の生活必需財消費量は多ければ多いほど望ましいと仮定すると，自国が解くべき最適化問題は，

$$Max\ C = ax + \frac{\{A - (by + z)\}by}{q}$$

with respect to x and y

subject to $x + y = L$

と定式化され，制約条件を目的関数に代入することにより，最適化問題は，

$$Max\ C = a(L - y) + \frac{\{A - (by + z)\}by}{q}$$

with respect to y

に帰着します。

➡制約条件のある最適化問題は，制約条件を目的関数に代入すると制約条件のない最適化問題となります。

5　解の導出

この問題を解くために，C を y で微分してゼロとおくと，

$$\frac{dC}{dy} = -a + \frac{b(A - 2by - z)}{q} = 0$$

となり，この条件より，

$$y = \frac{-aq + b(A - z)}{2b^2}$$

が得られ，$x + y = L$ に代入することにより，

$$x = L - Y = L + \frac{aq - b(A - z)}{2b^2}$$

が得られます。

y が $0 \leq y \leq L$ の範囲に定まる条件は,
$$\frac{b(A-z-2bL)}{a} \leq q \leq \frac{b(A-z)}{a}$$
であるので,

$q \leq \dfrac{b(A-z-2bL)}{a}$ であれば $y=L$, したがって $x=0$

$\dfrac{b(A-z)}{a} \leq q$ であれば $y=0$, したがって $x=L$

となります。

6 解の性質の考察

横軸に z, 縦軸に q をとって場合分けをすると以下のようになります。

領域1：輸出財生産に特化
領域2：生活必需財と輸出財をともに生産
領域3：生活必需財生産に特化

領域1　$x=0$　$y=L$

領域2　$x = L + \dfrac{aq - b(A-z)}{2b^2}$

　　　　$y = \dfrac{-aq + b(A-z)}{2b^2}$

領域3　$x=L$　$y=0$

$q = \dfrac{b(A-z-2bL)}{a}$　　$q = \dfrac{b(A-z)}{a}$

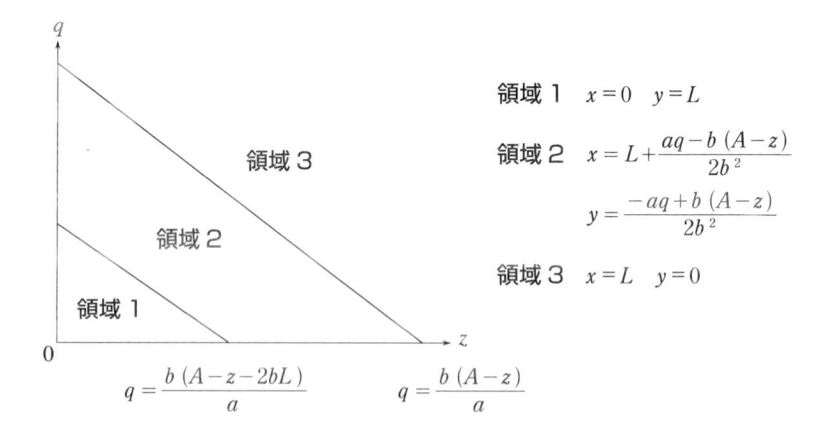

図 Ex 1　産業構造の分類

7 分析結果の具象化

以上を日常言語に具象化すると，

① 外国による供給量が一定であれば，輸入財価格の増加に伴って，

「輸出財生産に特化→生活必需財と輸出財をともに生産→生活必需財生産に特化」と産業構造が変化する

② 輸入財価格が一定であれば，外国による供給の増加に伴って，

「輸出財生産に特化→生活必需財と輸出財をともに生産→生活必需財生産に特化」と産業構造が変化する

となります。

第2章
ミクロ経済分析の数学的基礎

「新しい」とは「『立つ』『木』に『斧』を入れること」であり，新しいことがらを考え出すには既存の考えを知る必要があると言われています。

　そこで，本章では，「既存の考え」の代表であるミクロ経済分析について学びます。ミクロ経済分析には長い歴史と培われた蓄積があり，その中で，伝統的理論は連続変数の取り扱いに強みを持ち，ゲーム理論は離散変数の取り扱いや戦略的連関の記述に強みを持ちますが，本章では，その中からモデル分析の中核となる項目を厳選して説明します。

　まず，1で完全競争市場について説明し，続く2では独占市場における企業行動，3および4では寡占市場における企業行動について説明します。次に5および6でゲーム理論について説明し，戦略策定への準備を行います。そして，7では外部性について説明し，1の完全競争市場と比較します。

　なお，ミクロ経済分析を含む経済分析においては，グラフを描く時に，伝統的に縦軸に価格をとることになっています。それに伴って，需要関数や供給関数を，それぞれ，逆需要関数や逆供給関数に変換しなければならず，煩瑣な面もありますが，本章で説明するように，図形的意味が明確になるという，それらの短所を補って余りある利点があります。

第2章 ミクロ経済分析の数学的基礎

1 競争市場

全ての経済主体が価格を所与として最適化行動を行い、市場において需給が一致するように価格が定まる市場を競争市場と呼びます。本節では、競争市場における家計・企業の戦略、および市場における価格および取引量の決定、その望ましさについて分析します。

1.1 需要関数

需要関数とは「予算制約の下で家計が効用を最大化する需要量を価格の関数として表したもの」です。以下では、x 財の消費量が x、y 財の消費量が y の時、効用 U が $U = ax - \frac{b}{2}x^2 + y$ となるものとし、需要関数の導出方法およびその性質について説明します。

この時、x 財価格を p、y 財価格を 1、所得を M とすると予算制約は、$px + y = M$ となるので、解くべき問題は、

Max $U = ax - \frac{b}{2}x^2 + y$

with respect to x and y

subject to $px + y = M$

と定式化されます。ラグランジュ関数を、$L = ax - \frac{b}{2}x^2 + y + \lambda(px + y - M)$ と定義すると、最適化条件は、

$$\frac{\partial L}{\partial x} = a - bx + \lambda p = 0$$

$$\frac{\partial L}{\partial y} = 1 + \lambda = 0$$

$$\frac{\partial L}{\partial \lambda} = px + y - M = 0$$

となり、これらより、

$$x = \frac{a-p}{b} \text{ および } y = M - \frac{p(a-p)}{b}$$

が得られます。

▶ $\lambda = -1$ も得られます。

あるいは，制約条件を目的関数に代入することにより，解くべき問題が，

$$Max\ U = ax - \frac{b}{2}x^2 + M - px$$

with respect to x

となります。

　●予算制約式を目的関数に代入すると「条件なしの最大化問題」になります。

この時，$ax - bx^2 - px$（すなわち x 財からの効用 － x 財購入のための支出）を，x 財消費の消費者余剰と呼びます。

効用を最大化する条件は，$\frac{dU}{dx} = a - bx - p = 0$ であるので，$x = \frac{a-p}{b}$ が得られます。

この関係を縦軸を価格としてグラフにしたものが逆需要曲線であり，その関数が逆需要関数です。この場合の逆需要関数は $p = a - bx$ となり，効用，支出，消費者余剰は以下のように図示されます。

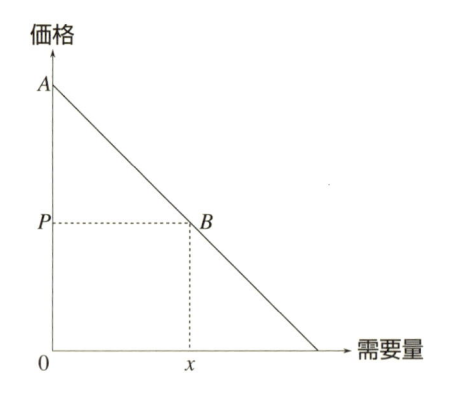

図２-１　需要曲線の図形的意味

逆需要関数と効用関数の比較から分かるように，逆需要関数は効用関数を微分したものとなっています。したがって，逆需要曲線の下側の面積は逆需要関数を積分したもの，すなわち「効用関数を微分したもの」を積分したものとなり，効用を表すことになります。図２-１においては，□$ABx0$＝効用，□$PBx0$＝支出，△ABP＝消費者余剰，となっています。

1.2 供給関数

供給関数とは「企業が利潤を最大化する供給量を価格の関数として表したもの」です。以下では，供給量を x と表記する時に費用関数が $cx+\dfrac{d}{2}x^2$ と表されるものとし，供給関数の導出方法およびその性質について説明します。

この時，利潤を π とすると $\pi = px - cx - \dfrac{d}{2}x^2$ となり[1]，最適化問題は，

$$\text{Max } \pi = px - cx - \frac{d}{2}x^2$$
with respect to x

と定式化されます。

利潤を最大化する条件は，$\dfrac{d\pi}{dx} = p - c - dx = 0$ であるので，$x = \dfrac{p-c}{d}$ となります。

この関係を縦軸を価格としてグラフにしたものが逆供給曲線であり，その関数が逆供給関数です。この場合の逆供給関数は $p = c + dx$ となります。

逆供給関数と費用関数の比較から分かるように，逆供給関数は費用関数を微分したものとなっています。したがって，逆供給曲線の下側の面積は逆供給関数を積分したもの，すなわち費用（より厳密に言えば変動費用）を表すこ

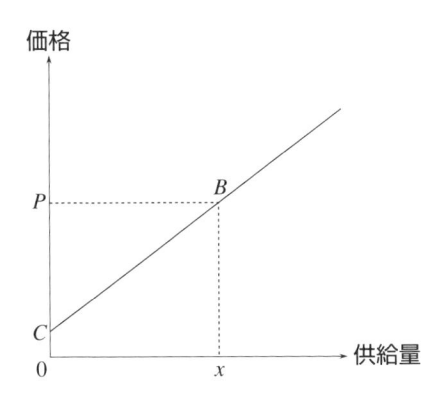

図2-2 供給曲線の図形的意味

---

[1] 企業の生産のモデル化については，以上のように「生産するには費用がかかる」と考える場合の他に「生産要素を投入すると生産される」と考える場合もあります（Example 1.3および第5章2を参照して下さい）。

とになります。図2−2においては，□$CBx0$＝費用，□$PBx0$＝収入，△CBP＝生産者余剰，となっています。

1.3 競争均衡

価格がp，需要量・供給量がxの時，逆需要関数が$p = a - bx$，逆供給関数が$p = c + dx$と表されるものとします。

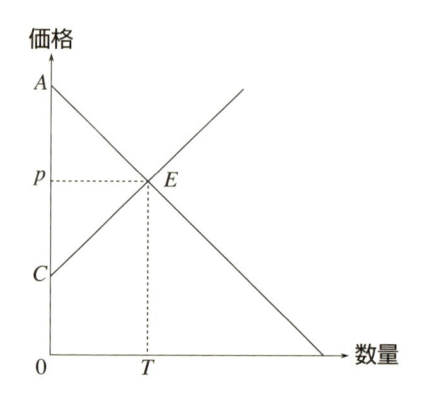

図2−3 競争均衡の図解

競争均衡価格および競争均衡取引量は逆需要曲線（直線）および逆供給曲線（直線）が交わる点であるので，

$p = a - bx$

$p = c + dx$

という連立方程式を解くことによって求まり，その結果，

$$x = \frac{a-c}{b+d}, \quad p = \frac{ad+bc}{b+d}$$

が得られ，図2−3における点Eとして表現されます。

◯1.1が示すように家計の利潤最大化行動の結果が逆需要関数であり，1.2が示すように企業の利潤最大化行動の結果が逆供給関数であるので，競争均衡を求めることは，各主体の最適化行動の結果の連関を求めていることになります。

1.4 競争均衡における厚生

消費者余剰は図2-3における△AEpの面積で表されるので，$\frac{b(a-c)^2}{2(b+d)^2}$ となり，生産者余剰は図2-3における△pECの面積で表されるので，$\frac{d(a-c)^2}{2(b+d)^2}$ となり，両者の和は，$\frac{(a-c)^2}{2(b+d)}$ となります。

一方，消費者余剰＋生産者余剰を最大化するために政府が価格 Q および取引量 T をどのように定めればよいかを考えると，以下のようになります。

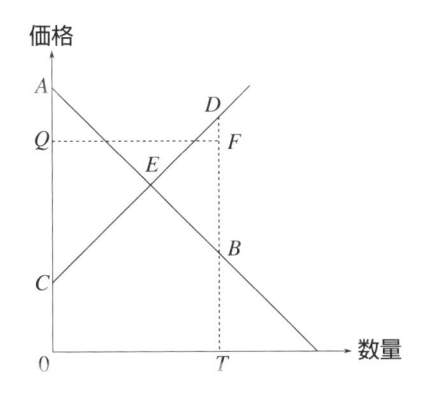

図2-4 任意の点における消費者余剰および生産者余剰

図2-4において，求める価格を Q，求める取引量を T とおくと，BT の長さが $a-bT$ であるので，効用は $\frac{1}{2}(2a-bT)T$ となります。一方，DT の長さは，$c+dT$ であるので，費用は $\frac{1}{2}(2c+dT)T$ となります。したがって，

消費者余剰＋生産者余剰＝効用－支出＋収入－費用＝効用－費用

$= \frac{1}{2}(2a-bT)T - \frac{1}{2}(2c+dT)T$

となり，この値を W と表現すると，最適化問題は，

$Max\ W = \frac{1}{2}(2a-bT)T - \frac{1}{2}(2c+dT)T$

with respect to T

と定式化されますので，この値を最大化する T は，

$$\frac{dW}{dT} = a - bT - c - dT = 0 \text{ より } T = \frac{a-c}{b+d}$$

となります。この値は，逆需要曲線と逆供給曲線の交点における取引量と一致しているので，市場機構によって経済全体の利益が最大化されることが分かります。

2　独占市場

　企業が需要関数を考慮に入れて利潤を最大化し，しかも企業が1つしかない場合，その市場を独占市場と呼びます。

　本節では，独占市場における企業の戦略策定について学びます。

2.1　数量を戦略変数とする場合

　需要量・生産量を x とすると，逆需要関数が $p(x) = a - bx$，企業の費用関数 $c(x)$ が $c(x) = cx + \dfrac{d}{2}x^2$ と表される時，利潤を最大化する生産量とその時の価格を求めると以下のようになります。

　企業の利潤 π は，収入 − 費用であるので，

$$\pi = p(x)x - c(x) = (a - bx)x - cx - \frac{d}{2}x^2$$

となり，最適化問題は，

$$\text{Max } \pi = (a - bx)x - cx - \frac{d}{2}x^2$$

　with respect to x

と定式化されます。

　　❏価格に逆需要関数が代入されている点が，本章1の競争市場における最適化問題との決定的違いです。

　企業は x を動かすことによって利潤を最大化するので，利潤最大化条件は，

$$\frac{d\pi}{dx} = a - 2bx - c - dx = 0$$

となり，この式を x について解くことにより，

$$x = \frac{a - c}{2b + d}$$

が導かれます。これが独占均衡における生産量です。

　なお，独占均衡における価格はこの x を逆需要関数に代入することにより，

$$p = a - bx = a - \frac{b(a-c)}{2b+d} = \frac{2ab + ad - ab + bc}{2b+d} = \frac{a(b+d) + bc}{2b+d}$$

となります。

＜独占均衡の図解＞

利潤は $p(x)x - C(x)$ であるので，利潤最大化条件は，
$$p(x) + p'(x)x = C'(x)$$
となります。左辺は収入の微分，右辺は費用の微分であり，それぞれ，限界収入（marginal revenue），限界費用（marginal cost）と呼ばれます。したがって，$p(x) + p'(x)x$ を MR とし，$C'(x)$ を MC とすると，利潤を最大化する生産量を求めるには，MR と MC を図示し，それらの交点の x 座標を求めればよいことになります。

逆需要関数が $p(x) = a - bx$ の時，収入関数は $R(x) = (a - bx)x$ であるので，限界収入関数は $MR(x) = a - 2bx$ となり，また，費用関数が $C(x) = cx + \dfrac{d}{2}x^2$ の時，限界費用関数は $MC(x) = c + dx$ となるので，利潤を最大化する生産量は，図2-5における限界収入曲線 $MR = a - 2bx$ と限界費用曲線 $MC = c + dx$ の交点 D の x 座標として x^* となり，その時の価格はその x^* における逆需要関数の値として p^* となります。

この時，独占企業の利潤は □$PBDC$ となります。

➡ □$0PBx$ は，縦の長さが P，横の長さが x の長方形であるので，その面積は収入 $P(x)x$ となり，また，□$CDx0$ の面積は，限界費用 $MC(x)$ を積分したものであるので，費用 $C(x)$ となります。

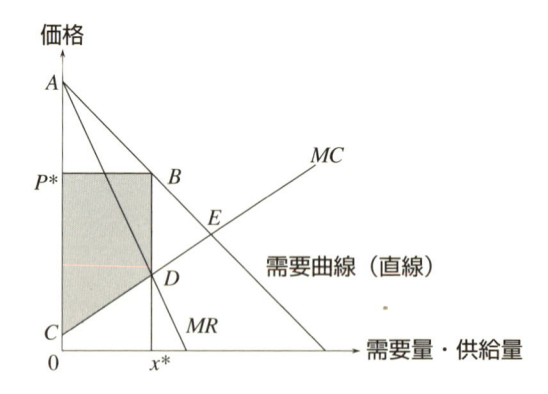

図2-5 需要曲線，限界収入曲線，限界費用曲線と利潤

消費者余剰は△ABP（□ABx0(効用) − □PBx0(支出)）となるので，厚生は利潤と消費者余剰の和として□ABDC となります。

　●厚生を総余剰と呼ぶこともあります。

他方，仮にこの企業が価格需要者として行動しているならば，限界費用曲線が供給曲線となるので，競争均衡点が点 E となり，その結果，厚生が△AEC となります。

したがって，企業が独占化することによって，厚生が△BED 分減少します。この総余剰（＝厚生）の減少分を厚生損失あるいは死荷重と呼びます。

2.2　価格を戦略変数とする場合

これまでは生産量を動かして利潤を最大化する場合について分析してきましたが，価格を動かして利潤を最大化する場合について分析することもできます。

需要量・生産量を x とする時，逆需要関数が $p(x) = a - bx$，費用関数が，$C(x) = cx + \dfrac{d}{2}x^2$ と表されるものとします。

この時，生産量は，$x = \dfrac{a-p}{b}$ となるので，企業の利潤 π は，

$$\pi = p\frac{a-p}{b} - c\frac{a-p}{b} - \frac{d}{2}\left(\frac{a-p}{b}\right)^2$$

となります。

この場合の企業は価格 p を動かすことによって利潤を最大化するので，利潤最大化条件は，$\dfrac{d\pi}{dp} = 0$ となります。

$\dfrac{d\pi}{dp} = \dfrac{1}{b}(a-2p) + \dfrac{c}{b} + \dfrac{d}{b^2}(a-p)$ であるので，$\dfrac{d\pi}{dp} = 0$ より $(2b+d)p = a(b+d) + bc$ が得られ，したがって，$p = \dfrac{a(b+d)+bc}{2b+d}$ となります。

この値は，前節の生産量を戦略変数とする場合の独占均衡価格と一致しています。

2.3　セット販売の最適戦略

需要量・供給量を x とする時，逆需要関数が $p(x) = a - bx$，企業の費用関

数が $c(x) = cx$ と表されるものとし，企業が「x 個で合計 Q 円」というセット販売を行うものとします。家計は効用が支出を下回らなければそのセットを購入するものとし，この時，企業にとって最適な x および Q を求めます。

x 個購入した時の効用は図 2−6 における $\square ABx0$ となるので，$\dfrac{(2a-bx)x}{2}$ となります。仮定により，家計はこの効用を下回らなければ購入するので，企業は Q を $\dfrac{(2a-bx)x}{2}$ に等しく設定することとなり，したがって，利潤 π は，

$$\pi = \frac{(2a-bx)x}{2} - cx$$

となり，最適化問題は，

$$\text{Max } \pi = \frac{(2a-bx)x}{2} - cx$$

with respect to x

と定式化されます。

したがって，利潤最大化条件は，

$$\frac{d\pi}{dx} = a - bx - c = 0$$

となり，この式を解くことにより，$x = \dfrac{a-c}{b}$ が得られ，$Q = \dfrac{(2a-bx)x}{2}$ に代入することにより，$Q = \dfrac{(a+c)(a-c)}{2b}$ となります。

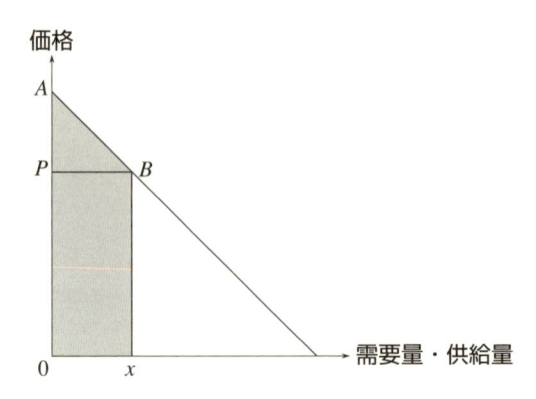

図 2−6　セット販売における効用

2.4 2部料金の最適戦略

① 固定料金：販売量と無関係に設定する固定部分
② 変動料金：販売量に応じて変化する部分

から料金が構成される場合，この料金を2部料金と呼びます。

需要量・供給量をxとする時，逆需要関数が$p(x) = a - bx$，企業の費用関数が$c(x) = cx$と表されるものとし，また，企業が固定料金と変動料金を設定して利潤を最大化するものとします。ただし，変動料金については「一物一価」が成立するものとして全ての財を同じ価格で販売するものとします。

仮に固定料金がゼロとすると，需要量・供給量がx, 価格がpの時の消費者余剰（変動料金からの収入 − 費用）および変動料金からの利潤は図2−7aのように図示されます。

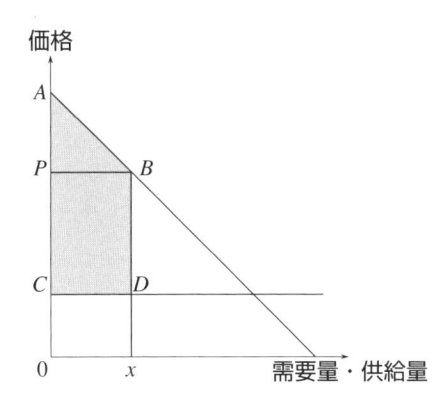

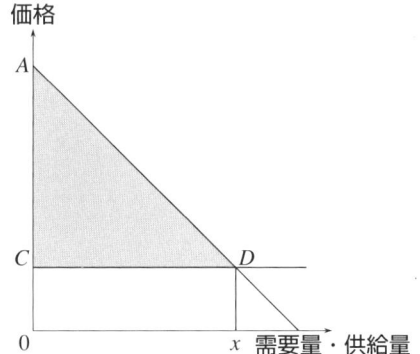

図2−7a
2部料金制度の下での
消費者余剰＋変動料金からの利潤

図2−7b
2部料金制度における
利潤最大化状態

図2−7aにおいて，$\triangle ABP$は消費者余剰，$\square PBDC$は変動料金からの利潤を表します。

「消費者余剰 − 固定料金」がプラスであれば家計がその固定料金を支払うものとすると，企業は消費者余剰よりわずかに低い固定料金を設定することとなり，したがって，総利潤は$\triangle ABP + \square PBDC = \square ABDC$となります。

以上より，総利潤を最大化するには，

変動料金を，$p = c$ とし，固定料金を図2－7bにおける$\triangle ADC$に等しく設定すればよいことが分かります。

数式では以下のように解くことができます。

生産量をxとすると，総利潤πは図2－7aにおける□$ABDC$の面積として，

$$\pi = \frac{1}{2}(2a - 2c - x)x$$

➡ $CD = x$，$AC = a - c$，また，$Bx = a - bx$，$Dx = c$ であるので，
$BD = a - bx - c = a - c - bx$

と表され，したがって，最適化問題は，

$$Max\ \pi = \frac{1}{2}(2a - 2c - bx)x$$

with respect to x

と定式化され，利潤最大化条件は，

$$\frac{d\pi}{dx} = a - c - bx = 0$$

となります。この条件より，$x = \frac{a-c}{b}$ が得られ，逆需要関数に代入することにより，価格が，

$$p = a - b\frac{a-c}{b} = c$$

となります。

3 同質財寡占市場

企業が需要関数を考慮に入れて利潤を最大化し,しかも企業が2社以上存在する場合,その市場を寡占市場と呼びます。

本節では,寡占市場において同質財を生産して競争する企業の戦略策定およびその均衡について学びます。

3.1 数量を戦略変数とする場合——クールノー競争

ここでは,各企業が他の企業の生産量を所与として,自分の生産量を動かすことによって利潤最大化を行う場合について分析します。この場合の競争を,クールノー (Antoine Augustin Cournot, 1801〜1877) の名にちなんで,クールノー競争と呼び,その解をクールノー均衡と呼びます。

企業1および企業2の利潤が,

$\pi_1 = \{a - b(x+y)\}x - cx$

$\pi_2 = \{a - b(x+y)\}y - dy$

の時,クールノー均衡を求めると以下のようになります。

企業1および企業2は,それぞれ相手の生産量を所与とするので,それぞれの解くべき問題は,

$Max\ \pi_1 = \{a - b(x+y)\}x - cx$

with respect to x

$Max\ \pi_2 = \{a - b(x+y)\}y - dy$

with respect to y

と定式化され,企業1および企業2の利潤最大化条件はそれぞれ,

$\dfrac{\partial \pi_1}{\partial x} = a - 2bx - by - c = 0$

$\dfrac{\partial \pi_2}{\partial y} = a - bx - 2by - d = 0$

となります。

これらの式を x および y について解くことにより,

$x = \dfrac{a - c - by}{2b}$ および $y = \dfrac{a - d - bx}{2b}$

が得られますが，それぞれは，企業1の反応関数および企業2の反応関数と呼ばれます。

まず，$x = \dfrac{a - c - by}{2b}$ において，y に何らかの値を代入すると，その y に応じて最適な x が定まります。このように「y に反応して最適な x が定まる」ので，$x = \dfrac{a - c - by}{2b}$ は企業1の反応関数と呼ばれます。同様に，$y = \dfrac{a - d - bx}{2b}$ において，x に何らかの値を代入すると，その x に応じて最適な y が定まり，「x に反応して最適な y が定まる」ので，$y = \dfrac{a - d - bx}{2b}$ は企業2の反応関数と呼ばれます。

これらを x および y について解くことにより，

$x = \dfrac{a - 2c + d}{3b}$ および $y = \dfrac{a + c - 2d}{3b}$

が得られます。これがクールノー均衡です。

➡反応関数は企業の利潤最大化行動の結果であるので，クールノー均衡を求めることは，各主体の最適化行動の連関の均衡を求めていることになります。

なお，クールノー均衡を各企業の利潤関数に代入することにより，

$\pi_1 = \dfrac{(a - 2c + d)^2}{9b}$ および $\pi_2 = \dfrac{(a + c - 2d)^2}{9b}$ が得られますが，この利潤を求めるには，次のように利潤最大化条件を用いると便利です。

この場合の利潤最大化条件は，

$\dfrac{\partial \pi_1}{\partial x} = a - 2bx - by - c = 0$

$\dfrac{\partial \pi_2}{\partial y} = a - bx - 2by - d = 0$

であり，これらの2式より，それぞれ，

$a - bx - by - c = bx$

$a - bx - by - d = by$

が得られます。これらの2式において，上の式の両辺に x をかけ，下の式の両辺に y をかけると，

$(a - bx - by - c)x = bx^2$

$$(a - bx - by - d)y = by^2$$

となります。これらの2式において，上の式の左辺はπ_1であり，下の式の左辺はπ_2であるので，

$\pi_1 = bx^2$

$\pi_2 = by^2$

となり，したがって，クールノー均衡における利潤は，$x = \dfrac{a - 2c + d}{3b}$および$y = \dfrac{a + c - 2d}{3b}$を$\pi_1 = bx^2$および$\pi_2 = by^2$に代入することによって求められます。

3.2 価格を戦略変数とする場合——ベルトラン競争

ここでは，各企業が他の企業の価格を所与として，自分の価格を動かすことによって利潤最大化を行う場合について分析します。この場合の競争を，ベルトラン（Joseph Louis François Bertrand, 1822～1900）の名にちなんでベルトラン競争と呼び，その解をベルトラン均衡と呼びます。

2企業が同質財を生産し，価格を変化させることによってそれぞれが利潤最大化を図っているものとし，各企業の限界費用はcで等しいものとします。また，企業1の設定する価格をp，企業2の設定する価格をq，企業1の販売量をx，企業2の販売量をyとします。

この場合には，

① 相手よりも高い価格を設定しているならば1つも売れず

② 相手よりも低い価格を設定しているならば全ての需要を獲得できます

ここで，もし両者が等しい価格を設定しているならば需要を折半することになると仮定すると，企業1の販売量x，企業2の生産量yは，それぞれ，

$$x = \begin{cases} 0 & \text{if } p > q \\ \dfrac{1}{2}D(p) & \text{if } p = q \\ D(p) & \text{if } p < q \end{cases}$$

$$y = \begin{cases} 0 & \text{if } p < q \\ \dfrac{1}{2} D(p) & \text{if } p = q \\ D(p) & \text{if } p > q \end{cases}$$

となり，これらより，企業 1 の反応関数 $p(q)$，企業 2 の反応関数 $q(p)$ は，それぞれ，

$$p(q) = \begin{cases} p^m & \text{if } q > p^m \quad \text{相手の価格が高すぎるならば，自分の独占価格に設定} \\ q - \varepsilon & \text{if } p^m > q > c \\ [c, \infty[& \text{if } q = c \\ [q, \infty] & \text{if } c > q \end{cases}$$

$$q(p) = \begin{cases} q^m & \text{if } p > q^m \quad \text{相手の価格が高すぎるならば，自分の独占価格に設定} \\ p - \varepsilon & \text{if } q^m > p > c \\ [c, \infty[& \text{if } p = c \\ [q, \infty] & \text{if } c > p \end{cases}$$

となり，したがって，ベルトラン均衡価格は 2 つの反応関数を同時に満たす価格として $p = q = c$ となります。

この均衡は，利潤がゼロになるまで両者が値引き競争をすることを表しています。

なお，両者の限界費用が異なる場合，たとえば，第 1 企業の限界費用が c，第 2 企業の限界費用が d で，$c < d$ の場合には，企業 2 が価格を d までしか下げることができないので，価格は d（厳密には d よりわずかに小さい値）となり，企業 1 が市場を独占することとなります。

第2章 ミクロ経済分析の数学的基礎

4 異質財寡占市場

ここでは，寡占市場において，2つの企業が互いに異なる財を生産している場合について分析します。

企業1の限界費用を c，企業2の限界費用を d とし，また，企業1の生産量が x，企業2の生産量が y の時，企業1の生産物価格 p，企業2の生産物価格 q が，それぞれ，

$$p = a - bx - \theta y \tag{1}$$
$$q = A - \theta x - By \tag{2}$$

となるものとします。

① $\theta > 0$ の時，企業1の生産物と企業2の生産物は代替財です。

　●「相手の生産量が増えると自分の価格が下がる」という意味です。

② $\theta < 0$ の時，企業1の生産物と企業2の生産物は補完財です。

　●「相手の生産量が増えると自分の価格が上がる」という意味です。

＜異質財寡占市場における需要関数の導出＞

上述の2つの逆需要関数（1）および（2）は以下のように導かれます。

企業1の生産する財の消費量が x，企業2の生産する財の消費量が y，それ以外の財の消費量が m の時の家計の効用 u が，a，b，A，B を正の定数，θ を正負いずれもとりうる定数として，次のように表されるものとします。

　●それ以外の財はニュメレール財と呼ぶことが多いです。

$$u = ax - \frac{1}{2}bx^2 + Ay - \frac{1}{2}By^2 - \theta xy + m$$

この時，企業1の生産物価格を p，企業2の生産物価格を q，ニュメレール財の価格を1，所得を M とすると，予算制約式は $px + qy + m = M$ となり，この予算制約式を上述の効用関数に代入すると，

$$u = ax - \frac{1}{2}bx^2 - px + Ay - \frac{1}{2}By^2 - qy - \theta xy + M$$

となるので，家計の解くべき問題は，

$$\text{Max } u = ax - \frac{1}{2}bx^2 - px + Ay - \frac{1}{2}By^2 - qy - \theta xy + M$$

with respect to x and y

となり，家計の効用最大化条件は，

$$\frac{\partial u}{\partial x} = a - bx - \theta y - p = 0$$

$$\frac{\partial u}{\partial y} = A - By - \theta x - q = 0$$

となるので，これら2式より，

$$p = a - bx - \theta y$$

$$q = A - \theta x - By$$

が得られます．

4.1 数量を戦略変数とする場合

まず，2つの企業が互いに異なる財を生産して数量競争を行う場合について分析します．

この時，企業1の利潤，企業2の利潤は，それぞれ，

$$\pi_1 = (a - bx - \theta y)x - cx$$

$$\pi_2 = (A - \theta x - By)y - dy$$

となり，最適化問題は，

$$\text{Max } \pi_1 = (a - bx - \theta y)x - cx$$

with respect to x

$$\text{Max } \pi_2 = (A - \theta x - By)y - dy$$

with respect to y

と定式化されます．

企業1はxを動かすことによって利潤を最大化し，企業2はyを動かすことによって利潤を最大化するので，企業1および企業2の利潤最大化条件は，それぞれ，

$$\frac{\partial \pi_1}{\partial x} = a - 2bx - \theta y - c = 0$$

$$\frac{\partial \pi_2}{\partial y} = A - \theta x - 2By - d = 0$$

となり，これら2式より，

$$x = \frac{a - \theta y - c}{2b}$$

$$y = \frac{A - \theta x - d}{2B}$$

が得られます．それぞれは，企業1および企業2の反応関数であり，これらの2式をxおよびyについて解くことにより，均衡における生産量が，

$$x = \frac{1}{4bB - \theta^2}\{2B(a-c) - \theta(A-d)\}$$

$$y = \frac{1}{4bB - \theta^2}\{-\theta(a-c) + 2b(A-d)\}$$

となります．

4.2 価格を戦略変数とする場合

次に，2つの企業が互いに異なる財を生産して価格競争を行っている場合について分析します．

逆需要関数が，

$$p = a - bx - \theta y$$
$$q = A - \theta x - By$$

であるものとすると，これら2式をxおよびyについて解くことにより，

$$x = \frac{1}{bB - \theta^2}\{B(a-p) - \theta(A-q)\}$$

$$y = \frac{1}{bB - \theta^2}\{-\theta(a-p) + b(A-q)\}$$

が得られます．

　●第1財価格がp，第2財価格がqの時の第1財への需要および第2財への需要です．

企業1の利潤をπ_1，企業2の利潤をπ_2とすると，π_1およびπ_2は，

$$\pi_1 = px - cx = (p-c)x = \frac{p-c}{bB-\theta^2}\{B(a-p) - \theta(A-q)\}$$

$$\pi_2 = qy - dy = (q-d)y = \frac{q-d}{bB-\theta^2}\{-\theta(a-p) + b(A-q)\}$$

となり，企業1，企業2の最適化問題は，それぞれ，

$$Max\ \pi_1 = \frac{p-c}{bB-\theta^2}\{B(a-p)-\theta(A-q)\}$$

with respect to p

$$Max\ \pi_2 = \frac{q-d}{bB-\theta^2}\{-\theta(a-p)+b(A-q)\}$$

with respect to q

と定式化されます。

企業1はpを動かすことによってπ_1を最大化し，企業2はqを動かすことによってπ_2を最大化するので，企業1および企業2の利潤最大化条件は，それぞれ，

$$\frac{\partial \pi_1}{\partial p} = \frac{1}{bB-\theta^2}\{B(a-p)-\theta(A-q)-B(p-c)\} = 0$$

$$\frac{\partial \pi_2}{\partial q} = \frac{1}{bB-\theta^2}\{-\theta(a-p)+b(A-q)-b(q-d)\} = 0$$

と表され，$\frac{\partial \pi_1}{\partial p}=0$ および $\frac{\partial \pi_2}{\partial q}=0$ より，それぞれ，

$$p = \frac{B(a+c)-A\theta+\theta q}{2B}$$

$$q = \frac{b(A+d)-a\theta+\theta p}{2b}$$

が得られます。それぞれは，企業1および企業2の反応関数であり，これらの2式をpおよびqについて解くことにより，均衡における価格が，

$$p = \frac{2bB(a+c)-2bA\theta+b\theta(A+d)-a\theta^2}{4bB-\theta^2}$$

$$q = \frac{b\theta(a+c)-A\theta^2+2bB(A+d)-2aB\theta}{4bB-\theta^2}$$

となります。

5　戦略的連関の記述——同時決定ゲーム

本章 3 および 4 で述べた戦略的連関は，より厳密には，ゲーム理論を用いて記述することができます。

5.1　ナッシュ均衡

その際の均衡として中核となるものがナッシュ均衡です。

「相手が戦略を変えないならば，自分が戦略を変える誘因がない」，すなわち「相手が戦略を変えない時に，自分が戦略を変えると利得が減ってしまう」。

　⬤ゲーム理論においては利潤を利得と表現することが通例です。

お互いにこの状態になっているような戦略の組を，ナッシュ（John F. Nash, 1928〜）の名にちなんでナッシュ均衡と呼びます。

5.2　標準型ゲームとしての記述——囚人のジレンマを例として

2 人組が窃盗の罪で留置され，以下のように刑が定まる状況を分析対象とします。

① 　2 人とも沈黙を続ける場合には，証拠不十分なまま 3 年間留置される
② 　片方が沈黙を続けている時にもう片方が「自分たち 2 人が盗んだ」と証言すると，証言した方は無罪となり，もう片方は 5 年の刑となる
③ 　両方が「自分たち 2 人が盗んだ」と証言すると，ともに 4 年の刑となる

2 人は別々に独房に入れられていて相談できず，またそれぞれは自分の利益を最大化するものとします。

この状況をまとめたものが，図 2 - 8 の標準型ゲームとしての記述です。

A \ B	沈黙	証言
沈黙	−3, −3	−5, 0
証言	0, −5	−4, −4

図2−8 囚人のジレンマの標準型ゲームとしての記述

このゲームを解くと,まずプレーヤーAについては,
① 仮にプレーヤーBが沈黙を選択する時に,
　　自分が沈黙を選択すると利得は−3
　　自分が証言を選択すると利得は0
　よって,証言を選択。
② 仮にプレーヤーBが証言を選択する時に,
　　自分が沈黙を選択すると利得は−5
　　自分が証言を選択すると利得は−4
　よって,証言を選択。
したがって,プレーヤーBの行動が何であれプレーヤーAは証言を選択します。

　➡相手の行動を所与として自分の利得の最大化を図っており,本章3および4における各企業の最適化問題と共通しています。

プレーヤーBについても同様に,
① 仮にプレーヤーAが沈黙を選択する時に,
　　自分が沈黙を選択すると利得は−3
　　自分が証言を選択すると利得は0
　よって,証言を選択。
② 仮にプレーヤーAが証言を選択する時に,
　　自分が沈黙を選択すると利得は−5
　　自分が証言を選択すると利得は−4
　よって,証言を選択。
したがって,プレーヤーAの行動が何であれプレーヤーBは証言を選択します。

以上より，両者ともに証言を選択することとなり，その結果，ともに利得は-4となります。「両者ともに最良の結果になるように行動したはずなのに結果は最良ではない」というところが「ジレンマ」と呼ばれる理由です。「部分最適」が「全体最適」になっていないと表現することもできます。

　➡本章1の競争市場の場合と対照的です。

次のような貿易政策の連関についても同様に分析できます。

2つの国があり，それぞれの戦略には「自由貿易を行う」「保護貿易を行う」の2つの選択肢があるものとし，以下のように利得が定まるものとします。

① 2国ともに自由貿易を行うと，2国ともに120の利得
② 片方のみが保護貿易を行うと，保護した方は160の利得，保護しなかった方は60の利得
③ 2国ともに保護貿易を行うと，2国ともに80の利得

この状況は図2-9のようにまとめられます。

A \ B	自由貿易	保護貿易
自由貿易	120, 120	60, 160
保護貿易	160, 60	80, 80

図2-9　貿易政策の標準型ゲームとしての記述

このゲームを解くと，まずプレーヤーAについては，
① 仮にプレーヤーBが自由貿易を選択する時に，
　　　自分が自由貿易を選択すると利得は120
　　　自分が保護貿易を選択すると利得は160
　よって，保護貿易を選択。
② 仮にプレーヤーBが保護貿易を選択する時に，
　　　自分が自由貿易を選択すると利得は60
　　　自分が保護貿易を選択すると利得は80
　よって，保護貿易を選択。

したがって，プレーヤーBの行動が何であれプレーヤーAは保護貿易を

選択します。

プレーヤー B についても同様に，
① 仮にプレーヤー A が自由貿易を選択する時に，
  自分が自由貿易を選択すると利得は 120
  自分が保護貿易を選択すると利得は 160
  よって，保護貿易を選択。
② 仮にプレーヤー A が保護貿易を選択する時に，
  自分が自由貿易を選択すると利得は 60
  自分が保護貿易を選択すると利得は 80
  よって，保護貿易を選択。

したがって，プレーヤー A の行動が何であれプレーヤー B は保護貿易を選択します。

以上より，両者ともに保護貿易を選択することとなり，その結果，ともに利得は 80 となります。この場合も「両者ともに最良の結果になる」ように行動したはずなのに結果は最良ではなく「囚人のジレンマ」となっています。

5.3 無限繰り返しゲーム

このゲームを無限回繰り返すものとします。ただし，将来の利得は割り引かれるものとし，t 期の利得は δ^{t-1} 倍（ただし δ は $0<\delta<1$ を満たす）に割り引かれるものとします。

また，「自由貿易をしよう」と約束し，もし片方が裏切って保護貿易をしたら，2 度と自由貿易を行うことはなく，ともに保護貿易を行うことになるものとします。

プレーヤー A については，
① プレーヤー B が自由貿易をしている時に，自分も自由貿易をし続けると，1 期目以降のプレーヤー A の利得は 120。t 期の利得が δ^{t-1} 倍に割り引かれることに注意して合計すると，
$$120 + 120\delta + 120\delta^2 + \cdots = \frac{120}{1-\delta}$$
② プレーヤー B が自由貿易をしている時に，自分が保護貿易をすると，

1期目のプレーヤー A の利得は 160。2期目以降のプレーヤー A の利得は 80。t 期の利得が δ^{t-1} 倍に割り引かれることに注意して合計すると，
$$160 + 80\delta + 80\delta^2 + \cdots = 80 + 80 + 80\delta + 80\delta^2 + \cdots = 80 + \frac{80}{1-\delta}$$

➲第1項の 160 を 80＋80 に分解しています。

したがって，プレーヤー A が自由貿易をし続ける条件は，
$$\frac{120}{1-\delta} > 80 + \frac{80}{1-\delta}, \quad \text{すなわち，} \delta > \frac{1}{2}$$

となります。

プレーヤー B についても同様に，

① プレーヤー A が自由貿易をしている時に，自分も自由貿易をし続けると，1期目以降のプレーヤー B の利得は 120。t 期の利得が δ^{t-1} 倍に割り引かれることに注意して合計すると，
$$120 + 120\delta + 120\delta^2 + \cdots = \frac{120}{1-\delta}$$

② プレーヤー A が自由貿易をしている時に，自分が保護貿易をすると，1期目のプレーヤー B の利得は 160。2期目以降のプレーヤー B の利得は 80。t 期の利得が δ^{t-1} 倍に割り引かれることに注意して合計すると，
$$160 + 80\delta + 80\delta^2 + \cdots = 80 + 80 + 80\delta + 80\delta^2 + \cdots = 80 + \frac{80}{1-\delta}$$

したがって，プレーヤー B が自由貿易をし続ける条件は，
$$\frac{120}{1-\delta} > 80 + \frac{80}{1-\delta}, \quad \text{すなわち，} \delta > \frac{1}{2} \text{となります。}$$

以上より，

① $\delta > \frac{1}{2}$ であれば，自由貿易が行われる

② $\delta < \frac{1}{2}$ であれば，保護貿易が行われる

③ $\delta = \frac{1}{2}$ であれば，自由貿易でも保護貿易でも構わない

➲経済学ではこのような状況を「自由貿易と保護貿易は無差別である」と表現します。

と結論づけられます。

6 逐次的戦略決定の記述——多段階ゲーム

本章3および4において2企業が同時に戦略を決定する場合について分析しましたが，現実には複数の主体が逐次的に戦略を決定する場合も少なくありません。

そのような状況の記述に役立つものが多段階ゲームとしての記述です。

6.1　展開形ゲームとしての記述

プレーヤーAとプレーヤーBが存在し，ともに戦略の選択肢は u および d であるものとし，手番については，プレーヤーBはプレーヤーAの選んだ選択肢を知った上で選択肢を決定する，すなわち，次のようにします。

第1段階：プレーヤーAが行動する
第2段階：プレーヤーBが行動する

各プレーヤーの戦略と利得が以下のようであるものとすると，この状況は図2-10のような展開形ゲームとして表現されます。

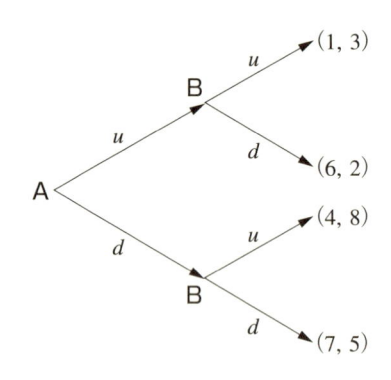

図2-10　展開形ゲームとしての記述

(1)　プレーヤーAが u を選択し，プレーヤーBも u を選択した場合のそれぞれの利得は1および3

(2) プレーヤー A が u を選択し，プレーヤー B が d を選択した場合の各プレーヤーの利得は 6 および 2
(3) プレーヤー A が d を選択し，プレーヤー B が u を選択した場合の各プレーヤーの利得は 4 および 8
(4) プレーヤー A が d を選択し，プレーヤー B も d を選択した場合の各プレーヤーの利得は 7 および 5

6.2 後方演繹法による解の導出

そして，このような多段階ゲームの解（部分ゲーム完全均衡（Subgame perfect equilibrium）と呼ばれます）は次のような「後方演繹法（backward induction）」によって求められます。

まず，最後に行動するプレーヤー B の状況を考えます。

プレーヤー A が仮に u を選択しているとすれば，プレーヤー B は，
(1) u を選択すれば 3 の利得
(2) d を選択すれば 2 の利得
となるので，u を選択することになります。

一方，プレーヤー A が仮に d を選択しているならば，プレーヤー B は，
(1) u を選択すれば 8 の利得
(2) d を選択すれば 5 の利得
となるので，u を選択することになります。

それゆえ，第 1 段階のプレーヤー A については，
(1) u を選択すれば，プレーヤー B が u を選択する結果として利得が 1
(2) d を選択すれば，プレーヤー B が u を選択する結果として利得が 4
となるので，d を選択することになります。

以上より，このゲームにおいては，プレーヤー A が d を選択し，プレーヤー B が u を選択することとなり，プレーヤー A の利得は 4，プレーヤー B の利得は 8 となります。

この展開形ゲームを応用して，序章 3.3 で例示した喫茶店の状況を記述することもできます。

喫茶店には「コーヒーの品質を高める（戦略 Q）」「電源を充実する（戦略

E)」の2つの選択肢があり,顧客には「上質のコーヒーを好む(タイプQ)」「コンピューターを使いたいため電源を必要とする(タイプE)」の2つのタイプがあるものとします。

　●顧客について,戦略ではなくタイプとして表現していますので,厳密にはゲームではなく,それゆえ,応用となっています。

　仮に,喫茶店の戦略,顧客のタイプ,利得(第1項が喫茶店の利得(利潤),第2項が顧客の利得(効用))が図2-11のように表現される場合には,喫茶店はタイプEを顧客としては戦略Eを実施することが望ましい,ということになります。

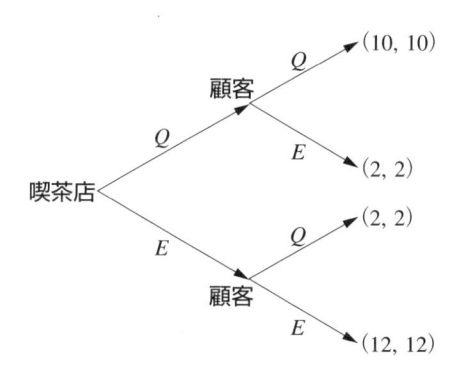

```
                           Q
                      顧客 ────→ (10, 10)
                  Q  ╱
                    ╱    E
                   ╱  ────→ (2, 2)
         喫茶店
                   ╲      Q
                    ╲  ────→ (2, 2)
                  E  ╲
                      顧客
                           E
                         ────→ (12, 12)
```

図2-11　喫茶店と顧客の関係の展開形ゲームとしての記述

6.3　多段階ゲームとミクロ経済分析との接合(1)
——シュタッケルベルク均衡の導出

　前述のクールノー均衡においては,各企業が同時に生産量を定めると仮定していましたが,クールノー均衡に多段階ゲームの発想を取り入れることによって,手番が同時でない場合について分析することが可能となります。

　以下では,一方の企業が他方の戦略を所与として自分の生産量を定める場合の解を求めます。この解は,シュタッケルベルク(Heinrich Freiherr von Stackelberg, 1905〜1946)の名にちなんでシュタッケルベルク均衡と呼ばれており,もう少し厳密に述べると,「2つの企業が生産量を戦略変数とし,一

方は追随者として，他の企業の行動を知った上で利潤最大化を行い，他方は先導者として，追随者の行動を読み込んで利潤最大化を行うと仮定した場合の均衡」となります。

2つの企業（企業1，企業2）から構成される経済を考えます。企業1，企業2がそれぞれ，x，yの生産を行う場合，価格pが$a-b(x+y)$の水準に定まるものとし，また，企業1および企業2の限界費用をそれぞれc，dとします。

この時，企業1および企業2の利潤はそれぞれ，

$\pi_1 = \{a - b(x+y)\}x - cx$

$\pi_2 = \{a - b(x+y)\}y - dy$

となります。

企業の行動の順番については，

第1段階：企業1が生産量を決定（企業1が先導者）

第2段階：企業2が生産量を決定（企業2が追随者）

とします。

最終段階から解くので，まず企業2の利潤最大化条件を求めると，

$\dfrac{\partial \pi_2}{\partial y} = a - bx - 2by - d = 0$

となり，この式より，企業2の反応関数が$y = \dfrac{a-d-bx}{2b}$となります。

第1段階においては，企業1は企業2の反応関数を読み込んで生産量を決定するので，企業1の利潤関数にこの企業2の反応関数を代入した関数

$\pi_1 = \left(a - bx - \dfrac{a-d-bx}{2}\right)x - cx = \dfrac{1}{2}(a - bx - 2c + d)x$

を企業1は最大化することとなります。

この場合の企業1の利潤最大化条件は，

$\dfrac{\partial \pi_1}{\partial x} = \dfrac{1}{2}(a - 2bx - 2c + d) = 0$

となり，したがって，$x = \dfrac{a-2c+d}{2b}$が得られます。

企業2の生産量は企業2の反応関数$y = \dfrac{a-d-bx}{2b}$に$x = \dfrac{a-2c+d}{2b}$を代入

することにより，$y = \frac{1}{4b}(a + 2c - d)$ となります．

6.4 多段階ゲームとミクロ経済分析との接合（2）
——独占企業と価格受容企業の併存する市場の均衡の導出

独占企業と価格受容企業が併存する市場について分析することもできます．

2つの企業（企業1，企業2）から構成される経済を考え，企業1，企業2がそれぞれ，x, y の生産を行う場合，価格 p は $a - b(x + y)$ の水準に定まるものとし，また，企業1および企業2の費用関数をそれぞれ cx, dy^2 とします．

企業1を独占企業，企業2を価格受容企業とし，企業の行動の順番および決定する変数については，

第1段階：企業1が価格を決定（企業1が先導者）

第2段階：企業2が生産量を決定（企業2が追随者）

とします．

最終段階から解くので，まず企業2の利潤最大化問題を考えます．企業2の利潤関数は，

$$\pi_2 = py - dy^2$$

となるので，利潤最大化条件は，

$$\frac{\partial \pi_2}{\partial y} = p - 2dy = 0$$

となり，この式より，企業2の供給関数が $y = \frac{p}{2d}$ となります．

●企業1が設定する価格への反応関数と解釈することもできます．

第1段階においては，企業1は企業2の供給関数を読み込んで価格を決定することになり，まず，逆需要関数が $p = a - b(x + y)$ であるので，この式より，$x = \frac{a - p - by}{b}$ が得られ，この式に上で求めた $y = \frac{p}{2d}$ を代入することにより，$x = \frac{a}{b} - \frac{b + 2d}{2bd}p$ が得られます．

したがって，企業1の利潤関数は，

$$\pi_1 = (p - c)\left(\frac{a}{b} - \frac{b + 2d}{2bd}p\right)$$

と表されるので，企業 1 の利潤最大化条件は，

$$\frac{\partial \pi_1}{\partial p} = \frac{2ad+(b+2d)c}{2bd} - \frac{b+2d}{bd}p = 0$$

となり，したがって，$p = \dfrac{2ad+(b+2d)c}{a(b+2d)}$ が得られます。

　企業 2 の生産量は，企業 2 の供給関数 $y = \dfrac{p}{2d}$ に $p = \dfrac{2ad+(b+2d)c}{a(b+2d)}$ を代入することにより，$y = \dfrac{2ad+(b+2d)c}{2ad(b+2d)}$ となります。

7　外部性の導入

外部性とは、「ある経済主体の行動が他の経済主体に市場を通さずに及ぼす影響」を意味し、良い影響の場合には外部経済、悪い影響の場合は外部不経済と呼ばれます。

本節では本章 1 のモデルに外部性を組み入れます。

7.1　外部性がある場合の競争均衡と厚生

価格を p、需要量および供給量を x と表す時、逆需要関数が $p = a - bx$、逆供給関数が $p = c + dx$ と表されるものとし、さらに、生産 1 単位あたりの外部性を ε とします。

　●単位は価格と同じです。

外部経済の場合は ε はプラスとなり、外部不経済の場合は ε はマイナスの値となります。

この時、競争均衡は、本章 1 における場合と同様に、

$p = a - bx$

$p = c + dx$

という連立方程式を解くことによって、$x = \dfrac{a-c}{b+d}$ および $p = \dfrac{ad-bc}{b+d}$ が得られます。

他方、この場合の厚生は「消費者余剰＋生産者余剰＋外部性」と定義され、また、生産量が T の時の消費者余剰および生産者余剰は、図 2–12 より、それぞれ、$\dfrac{1}{2}(2a - 2c - bT - 2dT)T$、$\dfrac{dT^2}{2}$ となります。また、外部性は εT となるので、厚生は $\dfrac{1}{2}(2a - bT)T + \dfrac{dT^2}{2} + \varepsilon T$ となり、この厚生を最大化する T を求めると、$\dfrac{dW}{dT} = a - c - bT - dT + \varepsilon = 0$ より、$T = \dfrac{a - c + \varepsilon}{b + d}$ となります。

この T は上述の競争均衡における $x = \dfrac{a-c}{b+d}$ と異なるので、外部性がある場合には、競争均衡が厚生を最大化しないことが分かります。このように外

部性がある時に競争均衡が厚生を最大化しないことを「市場が失敗する」と言います。

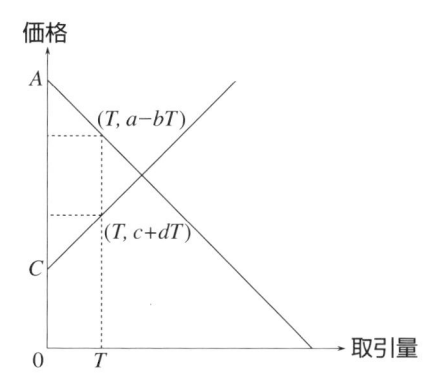

図2-12　任意の取引量における消費者余剰および生産者余剰

7.2　外部性がある場合の政策介入

そこで，次に，「厚生を最大化するには企業にどのくらい課税あるいは補助金供与をしなければならないか」について考えます。

議論を明確化するために，企業が財を生産して価格 p で国外へ輸出している場合について考え，企業が x の生産を行う場合には x^2 の費用がかかるものと仮定します。

この時，企業の利潤 π は，

$$\pi = px - x^2$$

となり，企業はこの利潤を最大化するので，企業にとって最適な生産個数を x^* とおくと，利潤最大化条件，

$$\frac{d\pi}{dx} = p - 2x = 0$$

を x について解くことによって，$x^* = \frac{p}{2}$ が得られます。

企業の生産活動により公害が発生するものとし，以下では生産1単位あたり e の公害被害が発生するものと特定化します。

　●単位は価格と同じです。

また，政府は厚生 W の最大化を図るものとし，「厚生＝企業利潤－公害被害」と定義すると，
$$W = px - x^2 - ex$$
となります。この厚生を最大化する生産個数を x^W と表記すると，
$$\frac{dW}{dx} = p - 2x - e = 0$$
を解くことにより，$x^W = \frac{p-e}{2}$ となり，この時，厚生の値は $\frac{(p-e)^2}{4}$ となります。

ここで，企業が利潤最大化を図る結果としての生産個数が x^W になるように政府が環境政策を行うものとし，政策として以下の2つを考えます。

政策1（補助金供与）

「企業が生産個数 x が $x*$ を下回るようにすることを約束するならば，政府は企業に $e(x*-x)$ の補助金を与える」という政策

この場合の企業利潤を π^s と表記すると，
$$\pi^s = px - x^2 + e(x*-x) \quad \text{ただし，} x* = \frac{p}{2}$$
と表現され，この場合に企業にとって最適な生産個数を x^s と表記すると，利潤最大化条件，
$$\frac{d\pi^s}{dx} = p - 2x - e = 0$$
を解くことにより，$x^s = \frac{p-e}{2}$ となります。

この時，企業利潤 π^s は $\frac{(p-e)^2}{4} + ex* = \frac{(p-e)^2}{4} + e\frac{p}{2} = \frac{p^2+e^2}{4}$ となります。また，公害被害は，$ex^s = e\frac{p-e}{2}$ であり，政府の支払う補助金額は $e(x*-x^s) = e\left(\frac{p}{2} - \frac{p-e}{2}\right) = \frac{e^2}{2}$ となっています。

この場合の厚生を「企業利潤－公害被害－補助金支払い」と定義すると，

この場合の厚生 $= \frac{p^2+e^2}{4} - e\frac{p-e}{2} - \frac{e^2}{2} = \frac{(p-e)^2}{4}$ となり，(*) と一致しています。

政策2（課税）

「生産 1 個につき政府は e の税を企業に賦課する」という政策

この場合の企業利潤を π^T と表記すると，

$$\pi^T = px - x^2 - ex$$

となり，この場合の企業にとって最適な生産個数を x^T と表記すると，利潤最大化条件，

$$\frac{d\pi^T}{dx} = p - 2x - e = 0$$

を解くことにより，$x^T = \frac{p-e}{2}$ となります。この時，企業利潤 π^T は $\frac{(p-e)^2}{4}$ となり，公害被害は $ex^T = e\frac{p-e}{2}$，政府の税収は $ex^T = e\frac{p-e}{2}$ となります。

この場合の厚生を「企業利潤 − 公害被害 ＋ 税収」と定義すると，この場合の厚生 $= \frac{(p-e)^2}{4} + e\frac{p-e}{2} - e\frac{p-e}{2} = \frac{(p-e)^2}{4}$ となり，上で求めた最適値における値と一致しています。

ここで補助金供与政策（政策1）と課税政策（政策2）が同値となっており，このことはコース（Ronald H. Coase, 1910〜）の名にちなんでコースの定理と呼ばれています。また，政策2において，生産1個あたりの課税水準を生産1個あたりの公害被害 e と等しくすることにより社会的最適を実現していますが，このような「1個あたりの公害被害に等しい課税」はピグー（Arthur Cecil Pigou, 1877〜1959）の名にちなんでピグー税と呼ばれています。

Example 2.1　企業のNPO化の経済分析

1　分析の課題
　ここではNPOの特徴を「利潤ゼロの下での供給最大化」と捉え，企業がNPO化した時に，すなわち，企業の目的が「利潤最大化」から「利潤ゼロの下での供給最大化」になった時に厚生がどのように変化するのかについて分析します。

2　分析の枠組み
　企業が価格を所与として行動し，需給が一致するように市場で価格が定まるものとします。

3　数式化
　価格が p，需要量・供給量が x の時，逆需要関数は $P(x)=a-bx$，企業の費用関数は $C(x)=cx+\dfrac{d}{2}x^2$ と表されるものとします。

4　最適化問題としての定式化
＜企業が利潤最大化を目的とする場合＞
　この場合の最適化問題は
$Max\ \pi = px - cx - \dfrac{d}{2}x^2$
with respect to x
となります。

＜企業が利潤ゼロの下での供給最大化を目的とする場合＞
　この場合の最適化問題は
$Max\ x$
subject to $\pi = px - cx - \dfrac{d}{2}x^2 = 0$
となります。

5　解の導出

＜企業が利潤最大化を目的とする場合＞

この時，利潤最大化条件は，$\frac{d\pi}{dx} = p - c - dx = 0$ であるので，$x = \frac{p-c}{d}$ となり，逆供給関数は $p = c + dx$ となります。

この場合の均衡における需要量・供給量を x^*，価格を p^* とすると，$p = a - bx$ と連立することにより，$x^* = \frac{a-c}{b+d}$，$p^* = \frac{ad-bc}{b+d}$ が得られます。図 Ex 2 において，消費者余剰は△AEp^*の面積で表されるので $\frac{b(a-c)^2}{2(b+d)^2}$ となり，生産者余剰は△p^*EC の面積で表されるので $\frac{d(a-c)^2}{2(b+d)^2}$ となり，したがって，両者の和を W^* とおくと，$W^* = \frac{(a-c)^2}{2(b+d)}$ となります。

＜企業が利潤ゼロの下での供給最大化を目的とする場合＞

この時，利潤ゼロの下での供給最大化は，$\pi = px - cx - \frac{d}{2}x^2 = 0$ の解のうちで大きい方であるので，$x = \frac{2(p-c)}{d}$ となり，逆供給関数は $p = c + \frac{d}{2}x$ となります。

この場合の均衡における需要量・供給量を x^N，価格を p^N とすると，逆供給関数と $p = a - bx$ を連立することにより，$x^N = \frac{2(a-c)}{2b+d}$，$p^N = \frac{ad-2bc}{2b+d}$ が

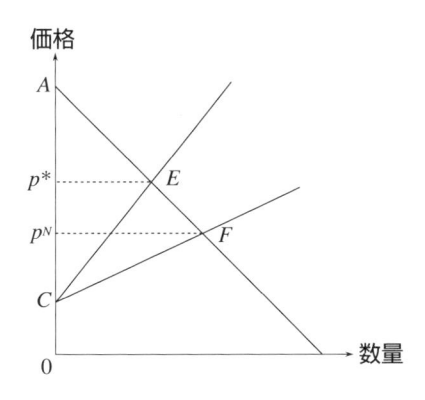

図 Ex 2　競争均衡

得られます。図 Ex 2 において，消費者余剰は $\triangle AFp^N$ の面積で表されるので $\dfrac{2b(a-c)^2}{(2b+d)^2}$ となり，また，生産者余剰はゼロであるので，両者の和を W^N とおくと，$W^N = \dfrac{2b(a-c)^2}{(2b+d)^2}$ となります。

6 解の性質の考察

$W^* = \dfrac{(a-c)^2}{2(b+d)}$ と $W^N = \dfrac{2b(a-c)^2}{(2b+d)^2}$ を比較するために，$W^* - W^N$ を計算すると，

$$W^* - W^N = \dfrac{(a-c)^2}{2(b+d)(2b+d)^2}\{(2b+d)^2 - 4b(b+d)\}$$

$$= \dfrac{(a-c)^2}{2(b+d)(2b+d)^2}(4b^2 + 4bd + d^2 - 4b^2 - 4bd) = \dfrac{(a-c)^2 d^2}{2(b+d)(2b+d)^2} > 0$$

となるので，企業が利潤最大化を目的とする場合の方が，企業が利潤ゼロの下での供給最大化を目的とする場合よりも厚生が高いと結論づけられます。

7 分析結果の具象化

以上を日常言語に具象化すると，「企業が価格を所与として行動する場合には，企業が NPO 化すると経済全体としての利益が損なわれる」となります。

Example 2.2　企業分割の経済分析

1　分析の課題
企業を分割することが利潤に与える影響について分析します。

2　分析の枠組み
ある企業が独占企業として行動するか，あるいは，2社に分割してクールノー競争を行うかの選択に直面しているものとします。

3　数式化
需要量・生産量を x とする時，逆需要関数は $P(x)=a-bx$，企業の費用関数は $C(x)=cx+\dfrac{d}{2}x^2$ と表されるものとします。この時，企業の利潤 π は，収入－費用であるので，

$$\pi = P(x)x - C(x) = (a-bx)x - cx - \frac{d}{2}x^2$$

となります。

この企業が2社に分割された場合は，企業1の生産量を y，企業2の生産量を z とし，それぞれの費用関数を $C(y)=cy+\dfrac{d}{2}y^2$ および $C(z)=cz-\dfrac{d}{2}z^2$ とします。この時，企業1の利潤 π_1 および企業2の利潤 π_2 は，それぞれ，

$$\pi_1 = \{a-b(y+z)\}y - cy - \frac{d}{2}y^2$$
$$\pi_2 = \{a-b(y+z)\}z - cz - \frac{d}{2}z^2$$

となります。

4　最適化問題としての定式化
企業が独占の場合には，最適化問題は，

$$\text{Max } \pi = (a-bx)x - cx - \frac{d}{2}x^2$$

with respect to x

と定式化され，企業が2つに分割された場合には，企業1および企業2の最適化問題は，それぞれ，

$$\text{Max } \pi_1 = \{a - b(y+z)\}y - cy - \frac{d}{2}y^2$$

with respect to y

$$\text{Max } \pi_2 = \{a - b(y+z)\}z - cz - \frac{d}{2}z^2$$

with respect to z

と定式化されます。

5 解の導出

企業が独占の場合は，利潤最大化条件は，

$$\frac{d\pi}{dx} = a - 2bx - c - dx = 0$$

となり，この式を x について解くことにより，$x = \frac{a-c}{2b+d}$ が導かれ，利潤関数に代入することにより，$\pi = \frac{(a-c)^2}{2(2b+d)}$ が得られます。

企業が2つに分割された場合は，企業1および企業2の利潤最大化条件はそれぞれ，

$$\frac{\partial \pi_1}{\partial y} = a - 2by - bz - c - dy = 0$$
$$\frac{\partial \pi_2}{\partial z} = a - by - 2bz - c - dz = 0$$

となり，これら2式を y および z について解くことにより，$y = z = \frac{a-c}{3b+d}$ が導かれます。これらの値を利潤関数に代入することにより，

$\pi_1 = \pi_2 = \dfrac{\left(b + \dfrac{d}{2}\right)(a-c)^2}{(3b+d)^2}$ が得られ，したがって，$\pi_1 + \pi_2 = \dfrac{(2b+d)(a-c)^2}{(3b+d)^2}$ が得られます。

6 解の性質の考察

$\pi = \dfrac{(a-c)^2}{2(2b+d)}$ と，$\pi_1 + \pi_2 = \dfrac{(2b+d)(a-c)^2}{(3b+d)^2}$ を比較するために $\pi - (\pi_1 + \pi_2)$

を計算すると，

$$\pi - (\pi_1 + \pi_2) = \frac{(a-c)^2}{2(2b+d)} - \frac{(2b+d)(a-c)^2}{(3b+d)^2} = \frac{(a-c)^2(b^2 - 2bd + d^2)}{2(2b+d)(3b+d)^2}$$

となるので，

① $b > (1+\sqrt{2})d$ が成立するならば，$\pi > \pi_1 + \pi_2$
② $b < (1+\sqrt{2})d$ が成立するならば，$\pi < \pi_1 + \pi_2$
③ $b = (1+\sqrt{2})d$ が成立するならば，$\pi = \pi_1 + \pi_2$

が得られます。

7 分析結果の具象化

以上を日常言語に具象化すると，

① 価格が低下してもあまり需要が増えない場合，あるいは費用があまり逓増しない場合には，企業を分割することによって利潤が低下する
② 価格が低下すると需要が急増する場合，あるいは費用が大きく逓増する場合には，企業を分割することによって利潤が増加する

となります。

Example 2.3　輸出振興政策の経済分析

1　分析の課題
　自国企業と外国企業が第3国市場で競争している時，自国政府が自国企業をどのように支援すべきかについて分析します。

2　分析の枠組み
　2つの企業（企業H，企業F）から構成される経済を考え，企業Hを自国企業，企業Fを外国企業とします。自国政府は外国企業に対しては関与しないが，自国企業（企業H）に対して補助金を与えるものとします。
　自国の厚生 W を，
　W ＝ 企業Hの利潤 − 企業Hへの補助金
とし，手番については以下のように仮定します。
　第1段階：自国政府が補助金水準を決定
　第2段階：各企業がクールノー競争を行って生産量を決定
　　●この設定は，「2段階ゲーム」となっています。

3　数式化
　企業H，企業Fの生産量をそれぞれ x, y，それぞれの限界費用を c_H, c_F とし，財価格を p, a および b を正の定数として，逆需要関数を
$P = a - b(x+y)$ と特定化します。
　自国政府は自国企業（企業H）に対して生産1単位あたり s の補助金を与えるものとすると，企業Hの利潤 π_H，企業Fの利潤 π_F は，

$$\pi_H = px - c_H x + sx = \{a - b(x+y)\}x - c_H x + sx$$
$$\pi_F = py - c_F y = \{a - b(x+y)\}y - c_F y$$

となります。

第 2 章　ミクロ経済分析の数学的基礎

4　最適化問題としての定式化

まず，第 2 段階から解くので，第 2 段階における各企業の最適化問題は，

$Max\ \pi_H = \{a - b(x+y)\}x - c_H x + sx$

with respect to x

$Max\ \pi_F = \{a - b(x+y)\}y - c_F y$

with respect to y

と定式化されます。

この解を $x^*(s)$, $y^*(s)$ とすると，第 1 段階における自国政府の最適化問題は，

$Max\ W = \{a - b(x^*(s) + y^*(s))\}x^*(s) - c_H x^*(s)$

with respect to s

と定式化されます。

　➡ $x^*(s)$, $y^*(s)$ とは，「s を所与として各企業にとって最適な x および y が定まっている」という意味です。

5　解の導出

＜第 2 段階の解＞

各企業の利潤最大化条件は

$\dfrac{\partial \pi_H}{\partial x} = a - 2bx - by - c_H + s = 0$

$\dfrac{\partial \pi_F}{\partial y} = a - bx - 2by - c_F = 0$

であるので，これら 2 式を解くことにより，クールノー均衡における各企業の生産量が，

$x = \dfrac{a - 2c_H + c_F + 2s}{3b}$

$y = \dfrac{a + c_H - 2c_F - s}{3b}$

となり，したがって，クールノー均衡における各企業の利潤は，

$\pi_H = bx^2 = \dfrac{(a - 2c_H + c_F + 2s)^2}{9b}$

$\pi_F = by^2 = \dfrac{(a + c_H - 2c_F - s)^2}{9b}$

となります。

<第 1 段階の解>

この時，厚生 W は，
$$W = \pi_H - sx = \frac{(a - 2c_H + c_F + 2s)^2}{9b} - \frac{s(a - 2c_H + c_F + 2s)}{3b}$$
となります。

最適な補助金 s の満たすべき条件は $\frac{dW}{ds} = 0$ であり，
$$\frac{dW}{ds} = \frac{4(a - 2c_H + c_F + 2s)}{9b} - \frac{a - 2c_H + c_F + 4s}{3b} = \frac{a - 2c_H + c_F - 4s}{9b}$$
であるので，最適な補助金水準は $a - 2c_H + c_F - 4s = 0$ より，
$$s = \frac{a - 2c_H + c_F}{4}$$
となります。

6 解の性質の考察

以上より，
① a が増えると s が増える
② c_H が増えると s が減る
③ c_F が増えると s が増える

と結論づけられます。

7 分析結果の具象化

以上を日常言語に具象化すると，「市場が拡大した場合や相手企業の費用が増えた場合には補助金が増え，自国企業の費用が増えると補助金が減る」となります。

Example 2.4　国内企業保護政策の経済分析

1　分析の課題

外国企業の参入に際して，自国政府が自国企業をどのように支援すべきかについて分析します。

2　分析の枠組み

2つの企業（企業H，企業F）から構成される経済を考え，企業Hを自国企業，企業Fを外国企業とします。自国政府は外国企業に対しては関与しないが，自国企業（企業H）に対して補助金を与えるものとします。

この場合の厚生 W を，

$W=$ 消費者余剰＋企業Hの利潤−企業Hへの補助金

とし，手番については以下のように仮定します。

第1段階：自国政府が補助金水準を決定

第2段階：各企業がクールノー競争を行って生産量を決定

➲この設定は，「2段階ゲーム」となっています。

3　数式化

企業H，企業Fの生産量をそれぞれ x, y, それぞれの限界費用を c_H, c_F とし，財価格を p, a および b を正の定数として，逆需要関数を $P=a-b(x+y)$ と特定化します。

自国政府は自国企業（企業H）に対して生産1単位あたり s の補助金を与えるものとすると，企業Hの利潤 π_H, 企業Fの利潤 π_F は，

$\pi_H = px - c_H x + sx = \{a - b(x+y)\}x - c_H x + sx$

$\pi_F = py - c_F y = \{a - b(x+y)\}y - c_F y$

となります。

なお，需要量が $x+y$, 価格が p の時の消費者余剰は図 Ex 3 における $\triangle APB$

の面積であるので,消費者余剰 $= \dfrac{b(x+y)^2}{2}$ となります。

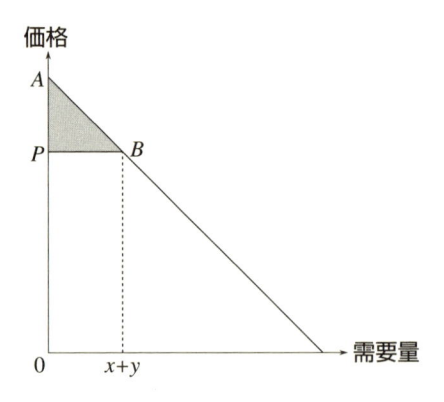

図Ex3 消費者余剰

4 最適化問題としての定式化

まず,第2段階から解くので,各企業の最適生産量を求めることとなり,第2段階における各企業の最適化問題は,

$Max\ \pi_H = \{a - b(x+y)\}x - c_H x + sx$

with respect to x

$Max\ \pi_F = \{a - b(x+y)\}y - c_F y$

with respect to y

と定式化されます。

この解を $x*(s), y*(s)$ とすると,第1段階における自国政府の最適化問題は,

$Max\ W_H = \dfrac{b(x*(s) + y*(s))^2}{2} + \{a - b(x*(s) + y*(s))\}x*(s) - c_H x*(s)$

with respect to s

と定式化されます。

❍ $x*(s), y*(s)$ とは,「s を所与として各企業にとって最適な x および y が定まっている」という意味です。

5 解の導出

＜第2段階の解＞

各企業の利潤最大化条件は,

$$\frac{\partial \pi_A}{\partial x} = a - 2bx - by - c_H + s = 0$$

$$\frac{\partial \pi_B}{\partial y} = a - bx - 2by - c_F = 0$$

であるので，これら2式を解くことにより，クールノー均衡における各企業の生産量が，

$$x = \frac{a - 2c_H + c_F + 2s}{3b}$$

$$y = \frac{a + c_H - 2c_F - s}{3b}$$

となり，クールノー均衡における各企業の利潤は，

$$\pi_H = bx^2 = \frac{(a - 2c_H + c_F + 2s)^2}{9b}$$

$$\pi_F = by^2 = \frac{(a + c_H - 2c_F - s)^2}{9b}$$

となります。

＜第1段階の解＞

次に政府が与える最適な補助金を求めます。

ここで厚生 W は,

$W =$ 消費者余剰 + 企業Hの利潤 − 企業Hへの補助金

であり，この場合の消費者余剰 $(CS) = \frac{b(x+y)^2}{2} = \frac{(2a - c_H - c_F + s)^2}{18b}$ となるので，厚生 W は,

$$W = CS + \pi_H - sx = \frac{(2a - c_H - c_F + s)^2}{18b} + \frac{(a - 2c_H + c_F + 2s)^2}{9b} - \frac{s(a - 2c_H + c_F + 2s)}{3b}$$

となります。

最適な補助金 s の満たすべき条件は $\frac{dW}{ds} = 0$ であり，

$$\frac{dW}{ds} = \frac{2a - c_H - c_F + s}{9b} + \frac{4(a - 2c_H + c_F + 2s)}{9b} - \frac{a - 2c_H + c_F + 4s}{3b} \varepsilon = \frac{a - c_H - s}{3b}$$

であるので，最適な補助金水準は，$a - c_H - s = 0$ より $s = a - c_H$ となります。

6 解の性質の考察

$s = a - c_H$ より，

① a が大きい場合や c_H が小さい場合には s が大きい

② s の水準は c_F とは無関係

ということが分かります。

7 分析結果の具象化

① 市場が大きい場合や自国企業の限界費用が小さい場合には，最適な補助金水準が大きく

② 最適補助金水準は外国企業の限界費用と無関係に定まる

と言うことができます。

第3章
産業政策の最適戦略モデル分析

本章と次の第4章では，これまでを基礎として，産業政策について分析します。産業政策とは，産業間あるいは産業内の資源配分に介入することによって厚生を改善する政策です。

　外部性の有無によって区別し，本章では外部性のない場合について，第4章では外部性のある場合について分析します。外部性とは，第2章7で述べたとおり，「ある経済主体の行動が他の経済主体に市場を通さずにおよぼす影響」です。

　本章1では公企業の民営化について，本章2では戦略的貿易政策のうちで輸出補助金政策について分析します。

　本章3～5では戦略的貿易政策のうちで関税への最適対抗政策を例にとり，手番のちがいがおよぼす影響を明らかにします。

第 3 章　産業政策の最適戦略モデル分析

1　公企業の民営化の最適戦略モデル分析

1.1　分析の課題

利潤を追求せずに市場に参加する企業を公企業と定義する場合，そのような公企業を民営化するべきかどうかについて分析します。

1.2　分析の枠組み

公企業と民間企業が価格を戦略変数として寡占市場において競争している場合を考えます。

CASE 1 では公企業が民営化されていない場合について分析し，CASE 2 では公企業が民営化された場合について分析します。公企業が民営化されていない状況をここでは「公企業の行動原則が収支ゼロ」と定義します。また，以下では，CASE 1 の均衡を官民均衡，CASE 2 の均衡を民民均衡と呼ぶこととします。

1.3　数式化

公企業の販売量が x，その価格が p，民間企業の販売量が y，その価格が q の時の家計の効用関数 u を，

$$u = ax - \frac{1}{2}bx^2 - px + ay - \frac{1}{2}by^2 - qy - \theta xy$$

とおき，家計は効用を最大化するように需要量を定めるものとすると，家計の効用最大化条件は，

$$\frac{\partial u}{\partial x} = a - bx - \theta y - p = 0$$

$$\frac{\partial u}{\partial y} = a - by - \theta x - q = 0$$

となり，したがって，

$$p = a - bx - \theta y \tag{1}$$

$$q = a - \theta x - by \tag{2}$$

が得られます。本節では公企業と民間企業の財を異質として $\theta \neq b$ を仮定し，また，効用最大化の 2 階の条件より，$b^2 - \theta^2 > 0$ すなわち $b > \theta$ が成立するものと仮定します。

なお，上で求めた効用最大化条件を効用の式に代入すると，効用関数は，

$$u = \frac{1}{2}bx^2 + \frac{1}{2}by^2 + \theta xy$$

となり，また，後の分析のために (1) 式，(2) 式を x および y について解くと，

$$x = \frac{1}{b^2 - \theta^2}\{b(a-p) - \theta(a-q)\} \tag{3}$$

$$y = \frac{1}{b^2 - \theta^2}\{-\theta(a-p) + b(a-q)\} \tag{4}$$

となります。

他方，公企業の利潤を π_1，民間企業の利潤を π_2 とすると，両者は，

$$\pi_1 = px - cx \tag{5}$$

$$\pi_2 = qy - cy \tag{6}$$

と表され，上述の x および y を代入することにより，

$$\pi_1 = (p-c)x = (p-c)\frac{1}{b^2 - \theta^2}\{b(a-p) - \theta(a-q)\} \tag{7}$$

$$\pi_2 = (q-c)y = (q-c)\frac{1}{b^2 - \theta^2}\{-\theta(a-p) + b(a-q)\} \tag{8}$$

となります。

ここで，準備として官民均衡時と民民均衡時の厚生をそれぞれ W_K，W_M，家計の効用関数を u_K，u_M，2 企業の利潤の和を Π_K，Π_M とすると，

官民均衡の厚生は $W_K = u_K + \Pi_K$

民民均衡の厚生は $W_M = u_M + \Pi_M$

となります。

1.4 最適化問題としての定式化
CASE 1 公企業が民営化されていない場合

この場合の公企業および民間企業の最適化問題は，それぞれ，

$$Max\ \pi_1 = (p-c)\frac{1}{b^2-\theta^2}\{b(a-p)-\theta(a-q)\} = 0$$

with respect to p

$$Max\ \pi_2 = (q-c)\frac{1}{b^2-\theta^2}\{-\theta(a-p)+b(a-q)\}$$

with respect to q

となります。

CASE 2 公企業が民営化された場合

この場合は，第2章4「異質財寡占市場」および4.2「価格を戦略変数とする場合」と同様になるので，公企業および民間企業の最適化問題は，それぞれ，

$$Max\ \pi_1 = (p-c)\frac{1}{b^2-\theta^2}\{b(a-p)-\theta(a-q)\}$$

with respect to p

$$Max\ \pi_2 = (q-c)\frac{1}{b^2-\theta^2}\{-\theta(a-p)+b(a-q)\}$$

with respect to q

となります。

1.5 解の導出
CASE 1 公企業が民営化されていない場合

この場合，公企業は利潤ゼロを行動原則とするので，

$$p = c$$

が得られます。これが公企業の反応関数です。

一方，民間企業は利潤を最大にするように価格 q を決定するので，利潤最大化条件は，

$$\frac{\partial \pi_2}{\partial q} = \frac{1}{b^2 - \theta^2} \{-\theta(a-p) + b(a-q) - b(q-c)\} = 0 \tag{9}$$

と表され，この式より，民間企業の反応関数は，

$$q = \frac{-\theta(a-p) + b(a+c)}{2b} \tag{10}$$

となります。

したがって，この場合の民間企業の均衡価格 q_K は (9) 式および (10) 式を連立して得られる式，すなわち，

$$\frac{1}{b^2 - \theta^2} [\{-\theta(a-c) + b(a-q_K)\} + (q_K - c)(-b)] = 0$$

を解くことにより，

$$q_K = \frac{-\theta(a-c) + b(a+c)}{2b}$$

となり，この式を (8) 式に代入することにより，

$$\pi_2 = \frac{b}{b^2 - \theta^2}(q-c)^2 = \frac{b}{b^2 - \theta^2} \left\{ \frac{-\theta(a-c) + b(a+c)}{2b} - c \right\}^2$$

$$= \frac{(b-\theta)(a-c)^2}{4b(b+\theta)} \tag{11}$$

が得られます。

ここで，これまでに求めた価格を効用関数に代入することにより，

$$u_K = \frac{1}{b^2 - \theta^2} \left[\frac{1}{2b} \left(\left\{ a - \frac{-\theta(a-c) + ab + bc}{2b} \right\}^2 + (a-c)^2 \right) \right.$$
$$\left. - \theta(a-c) \left\{ a - \frac{-\theta(a-c) + ab + bc}{2b} \right\} \right]$$

$$= \frac{1}{b^2 - \theta^2} \left\{ \frac{(b+\theta)^2 (a-c)^2}{8b} + \frac{b}{2}(a-c)^2 - \frac{\theta(b+\theta)(a-c)^2}{2b} \right\}$$

$$= \frac{1}{b^2 - \theta^2} \frac{(b-\theta)(5b + 3\theta)(a-c)^2}{8b}$$

が得られ，利潤については，官民均衡時は公企業の利潤 $\pi_1 = 0$ であるため，

$$\Pi_K = \pi_2 = \frac{(b-\theta)(a-c)^2}{4b(b+\theta)}$$

が得られます。したがって，官民均衡における厚生は，

$$W_K = u_K + \Pi_K = \frac{1}{b^2-\theta^2}\frac{(b-\theta)(5b+3\theta)(a-c)^2}{8b} + \frac{1}{b^2-\theta^2}\frac{(b-\theta)^2(a-c)^2}{4b}$$

$$= \frac{(a-c)(b-\theta)}{b^2-\theta^2}\left\{\frac{(a-c)(7b+\theta)}{8b}\right\}$$

となります。

CASE 2 公企業が民営化された場合

次に，公企業が民営化された場合について考えます。この時は両者ともに利潤最大化を図るために，反応関数が対称的になり，したがって，均衡価格 q_M が満たすべき式は (9) 式に $p = q_M$ を代入することにより，

$$\frac{1}{b^2-\theta^2}[\{-\theta(a-q_M) + b(a-q_M)\} + (q_M-c)(-b)] = 0$$

となり，この式を解くことにより，

$$q_M = \frac{ab+bc-a\theta}{2b-\theta} \tag{12}$$

が得られ，利潤についても，両企業の対称性より，

$$\pi_1 = \pi_2$$
$$= \frac{b}{b^2-\theta^2}(q-c)^2 \qquad (\because (11))$$
$$= \frac{b}{b^2-\theta^2}\left\{\frac{ab+bc-a\theta}{2b-\theta}-c\right\}^2 \qquad (\because (12))$$
$$= \frac{1}{b^2-\theta^2}\frac{b(b-\theta)^2(a-c)^2}{(2b-\theta)^2} \tag{13}$$

が得られます。

官民ベルトラン均衡における場合と同様に，これまでに求めた価格を効用関数に代入することにより，

$$u_M = \frac{1}{b^2-\theta^2}\left[\frac{1}{2b}\{(a-q)^2+(a-q)^2\}-\theta(a-q)(a-q)\right]$$

$$= \frac{1}{b^2-\theta^2}(b-\theta)(a-q)$$

$$= \frac{1}{b^2-\theta^2}(b-\theta)\left\{a-\frac{ab+bc-a\theta}{2b-\theta}\right\}^2$$

$$= \frac{1}{b^2-\theta^2}\frac{b(b-\theta)(a-c)}{2b-\theta} \tag{14}$$

が得られ，利潤については，

$$\Pi_M = \pi_1 + \pi_2 = 2\pi_2 = \frac{1}{b^2-\theta^2}\frac{2b(b-\theta)^2(a-c)^2}{(2b-\theta)^2}$$

が得られます。したがって，民民均衡における厚生は，

$$W_M = U_M + \Pi_M$$

$$= \frac{1}{b^2-\theta^2}\frac{\{2b(b-\theta)^2(a-c)^2+b(2b-\theta)(b-\theta)(a-c)\}}{(2b-\theta)^2}$$

$$= \frac{(a-c)(b-\theta)}{b^2-\theta^2}\frac{b}{(2b-\theta)^2}(2ab-2bc-2a\theta+2c\theta+2b-\theta)$$

となります。

1.6 解の性質の考察

＜官民ベルトラン均衡と民民ベルトラン均衡の比較＞

官民均衡と民民均衡における民間企業の利潤を比較すると，(11) 式および (13) 式より，官民均衡における民間企業の利潤が民民均衡における民間企業の利潤を下回る条件は，

$$\frac{\theta(\theta-b)(a-c)}{2b(2b-\theta)} < 0 \tag{15}$$

となります。

ここで，家計の効用最大化の2階の条件より $\theta-b<0$ が成立し，また，利潤が負にならない条件より $a-c\geq 0$ が成立するので，民間企業の利潤に

ついて，
① $\theta>0$ ならば，公企業が民営化された時の利潤＞公企業が民営化されない時の利潤
② $\theta<0$ ならば，公企業が民営化された時の利潤＜公企業が民営化されない時の利潤

となります。

＜両均衡における厚生の比較＞

官民均衡と民民均衡における厚生を比較するために，両者の差を計算すると，

$$W_K - W_M = \frac{(a-c)(b-\theta)}{b^2-\theta^2}\left\{\frac{(a-c)(7b+\theta)}{8b} - \frac{b}{(2b-\theta)^2}(2ab-2bc-2a\theta+2c\theta+2b-\theta)\right\}$$

$$= \frac{a-c}{b+\theta}\left\{\frac{(a-c)(12b^3-8b^2\theta+3b\theta^2+\theta^3)-8b^2(2b-\theta)}{8b(2b-\theta)^2}\right\}$$

となり，また $a-c>0$, $b>0$ より $\frac{a-c}{(b+\theta)8b(2b-\theta)^2}>0$ が成立するので，

$$(a-c)(12b^3-8b^2\theta+3b\theta^2+\theta^3)-8b^2(2b-\theta)>0$$

であれば $W_K - W_M > 0$ となります。ここで左辺を変形すると，

$$(a-c)(12b^3-8b^2\theta+3b\theta^2+\theta^3)-8b^2(2b-\theta)$$
$$=(a-c)\{b(12b^2-8b\theta+3\theta^2)\}+(a-c)\theta^3-8b^2(2b-\theta)$$

となります。

$\delta = 12b^2-8b\theta+3\theta^2$ とおくと，δ の判別式 $\frac{D}{4}=(4\theta)^2-36\theta^2<0$ が，常に $\delta>0$ となる条件です。これを解くと $\theta^2>0$ となるので任意の θ のとき $\delta>0$ が成立し，したがって $(a-c)b(12b^2-8b\theta+3\theta^2)>0$ が常に成り立つので，$(a-c)\theta^3-8b^2(2b-\theta)>0$ となる条件を求めればよいことになります。

ここで，$2b-\theta>0$ であるので，$\theta>0$, $a-c>\frac{8b^2(2b-\theta)}{\theta^3}$ が成立する時，$W_K-W_M>0$ となります。

1.7 分析結果の具象化

以上を日常言語に具象化すると，公企業と民間企業が価格競争を行っている場合に，

① 公企業と民間企業の販売が代替的な場合には，公企業を民営化すると民間企業の利潤が増加する

② 上記の条件（公企業と民間企業の販売が代替的）が成り立ち，かつ公企業の限界費用が少ない場合には，公企業を民営化すると厚生が減少する

となります。

2 戦略的輸出補助金政策の最適戦略モデル分析

2.1 分析の課題

自国企業と外国企業が第3国市場で競争している場合に，各国政府が各国企業をどのように支援すべきかについて分析します。

➲第2章のExample 2.3の拡張となっています。

2.2 分析の枠組み

2つの企業（企業H，企業F）から構成される経済を考え，企業Hを自国企業，企業Fを外国企業とします。自国政府は自国企業（企業H）に対して補助金を与えるものとし，外国政府は外国企業（企業F）に対して補助金を与えるものとします。

自国の厚生 W_H および外国の厚生 W_F は，

W_H ＝企業Hの利潤－企業Hへの補助金

W_F ＝企業Fの利潤－企業Fへの補助金

であり，手番については以下のように仮定します。

第1段階：各国政府が各国の厚生を最大化するように補助金水準を決定

第2段階：各企業がクールノー競争を行って生産量を決定

➲この設定は，「2段階ゲーム」となっています。

2.3 数式化

企業H，企業Fの生産量をそれぞれ x, y, それぞれの限界費用を c_H, c_F とし，p を財価格，a および b を正の定数として，逆需要関数を

$P = a - b(x+y)$ と特定化します。

自国政府は自国企業（企業H）に対して生産1単位あたり s_H の補助金を与え，外国政府は外国企業（企業F）に対して生産1単位あたり s_F の補助金を与えるものとすると，企業Hの利潤 π_H，企業Fの利潤 π_F は，

$\pi_H = px - c_H x + s_H x = \{a - b(x+y)\}x - c_H x + s_H x$

$$\pi_F = py - c_F y + s_F y = \{a - b(x+y)\} y - c_F y + s_F y$$

となります。

2.4 最適化問題としての定式化

まず，第2段階から解くので，各企業の最適生産量を求めることとなり，自国企業，外国企業の最適化問題は，それぞれ，

Max $\pi_H = \{a - b(x+y)\} x - c_H x + s_H x$

with respect to x

Max $\pi_F = \{a - b(x+y)\} y - c_F y + s_F y$

with respect to y

と定式化されます。

この解を $x^*(s_H, s_F)$, $y^*(s_H, s_F)$ とすると，

❶「s_H および s_F を所与として，各企業にとって最適な x および y が定まっている」という意味です。

第1段階における自国政府および外国政府の最適化問題は，

Max $W_H = \{a - b(x^*(s_H, s_F) + y^*(s_H, s_F))\} x^*(s_H, s_F) - c_H x^*(s_H, s_F)$

with respect to s_H

Max $W_F = \{a - b(x^*(s_H, s_F) + y^*(s_H, s_F))\} y^*(s_H, s_F) - c_F y^*(s_H, s_F)$

with respect to s_F

と定式化されます。

2.5 解の導出

＜第2段階の解＞

各企業の利潤最大化条件は，

$$\frac{\partial \pi_A}{\partial x} = a - 2bx - by - c_H + s_H = 0$$

$$\frac{\partial \pi_B}{\partial y} = a - bx - 2by - c_F + s_F = 0$$

であるので，これら2式を解くことにより，クールノー均衡における各企業の生産量が，

$$x = \frac{a - 2c_H + c_F + 2s_H - s_F}{3b}$$

$$y = \frac{a + c_H - 2c_F - s_H + 2s_F}{3b}$$

となり，クールノー均衡における各企業の利潤は，

$$\pi_H = bx^2 = \frac{(a - 2c_H + c_F + 2s_H - s_F)^2}{9b}$$

$$\pi_F = by^2 = \frac{(a + c_H - 2c_F - s_H + 2s_F)^2}{9b}$$

となります。

＜第1段階の解＞

次に各国政府が与える補助金の最適値を求めます。

自国の厚生 W_H は，

$$W_H = \pi_H - s_H x = \frac{(a - 2c_H + c_F + 2s_H - s_F)^2}{9b} - \frac{s_H(a - 2c_H + c_F + 2s_H - s_F)}{3b}$$

となり，最適な補助金 s_H の満たすべき条件は $\frac{dW_H}{ds_H} = 0$，すなわち，

$$\begin{aligned}\frac{dW_H}{ds_H} &= \frac{4(a - 2c_H + c_F + 2s_H - s_F)}{9b} - \frac{a - 2c_H + c_F + 4s_H - s_F}{3b} \\ &= \frac{a - 2c_H + c_F - 4s_H - s_F}{9b} = 0\end{aligned}$$

となるので，最適な補助金 s_H の満たすべき条件は，

$$a - 2c_H + c_F - 4s_H - s_F = 0 \tag{1}$$

に帰着します。

　●この式より得られる $s_H = \frac{a - 2c_H + c_F - s_F}{4}$ は自国政府の反応関数です。

他方，この場合の外国の厚生 W_F は，

$$W_F = \pi_F - s_F y = \frac{(a + c_H - 2c_F - s_H + 2s_F)^2}{9b} - \frac{s_F(a + c_H - 2c_F - s_H + 2s_F)}{3b}$$

となり，最適な補助金 s_F の満たすべき条件は，$\frac{dW_F}{ds_F} = 0$，すなわち，

$$\frac{dW_F}{ds_F} = \frac{4(a + c_H - 2c_F - s_H + 2s_F)}{9b} - \frac{a + c_H - 2c_F - s_H + 4s_F}{3b}$$

$$= \frac{a + c_H - 2c_F - s_H - 4s_F}{9b} = 0$$

となるので，最適な補助金 s_F の満たすべき条件は，

$$a + c_H - 2c_F - s_H - 4s_F = 0 \tag{2}$$

に帰着します。

　　➡この式より得られる $s_F = \dfrac{a + c_H - 2c_F - s_H}{4}$ は外国政府の反応関数です。

(1) 式および (2) 式を s_H および s_F について解くことにより，

$$s_H = \frac{a - 3c_H + 2c_F}{5}$$

$$s_F = \frac{a + 2c_H - 3c_F}{5}$$

が得られます。

　　➡クールノー均衡と同様の発想です。

2.6　解の性質の考察

以上より，

① a が増加すると s_H および s_F が増加する

② c_H が増加すると s_H が減少し，s_F が増加する

③ c_F が増加すると s_H が増加し，s_F が減少する

と言えます。

2.7　分析結果の具象化

日常言語に具象化すると，次のようになります。

① 市場が拡大すると各国政府の補助金が増加する

② 自国企業の費用が増加すると，自国政府の補助金が減少し外国政府の補助金が増加する

③ 外国企業の費用が増加すると，自国政府の補助金が増加し外国政府の補助金が減少する

3 関税への対抗政策の最適戦略モデル分析（1）

3.1　分析の課題
相手国がその国にとって最適な関税を賦課する場合に，自国政府がそれに対抗するために輸出補助金をどのような水準にするべきかについて考えます。

3.2　分析の枠組み
外国と自国とから構成される経済を考えます。外国には企業は存在しないが市場があり，自国には市場がないが企業が1つあって，その企業が生産したものを全て外国市場に向けて輸出するものとします。その企業は外国市場において独占企業であるものとし，その限界費用を c，生産量を x とします。

消費者余剰と関税収入の和を外国の利益と定義して W_F と表記し，自国企業の利潤から輸出補助金額を差し引いたものを自国の利益と定義して W_H と表記し，外国政府は W_F を最大化するように自国企業からの輸入1単位について t 単位の関税を賦課し，自国政府は W_H を最大化するように自国企業の輸出1単位について s 単位の輸出補助金を与えるものとします。

自国政府，外国政府，企業の意思決定の手番については，次のように仮定します。

第1段階：自国政府が自国企業に与える輸出補助金水準 s を決定
第2段階：外国政府が自国企業に賦課する関税水準 t を決定
第3段階：自国企業が生産量・輸出量 x を決定

　➲この設定は，「3段階ゲーム」となっています。

3.3　数式化
自国企業が x の量の生産を行って外国へ輸出する時，その価格 P が $P = a - bx$ の水準に定まるものとすると，自国企業の利潤 π は，

π = 販売収入 − 生産費用 − 関税支払い + 補助金受取り
　　$= (a - bx)x - cx - tx + sx$

となります。他方,外国の厚生 W_F は,

W_F = 消費者余剰 + 関税収入 = $\dfrac{bx^2}{2} + tx$

となり,自国の厚生 W_H は,

W_H = 自国企業の利潤 − 輸出補助金支払い

$= \pi - sx = (a - bx)x - cx - tx + sx - sx = (a - bx)x - cx - tx$

となります。

3.4 最適化問題としての定式化

まず,最終段階の生産量を決定します。

その問題は,

$Max\ \pi = \{a - b(x + y)\}x - cx - tx + sx$

with respect to x

と定式化され,この問題の解として定まる x を所与として第2段階で外国政府が厚生最大化を図ることとなります。

したがって,第3段階での解を $x*(t, s)$ とおくと,第2段階での最適化問題は,

$Max\ W_F = \dfrac{bx*(t,s)^2}{2} + tx*(t,s)$

with respect to t

と定式化され,この問題の解として定まる関税水準を $t*(s)$ とおくと,自国政府は $t*(s)$ および $x*(t*(s), s)$ を所与として第1段階で厚生最大化を図ることとなります。

したがって,第1段階での最適化問題は,

$Max\ W_H = (a - bx*(t*(s), s))x*(t*(s), s)$
$\qquad\qquad\qquad\qquad - cx*(t*(s), s) - t*(s)x*(t*(s), s)$

with respect to s

と定式化されます。

3.5 解の導出

＜第３段階の解＞

まず，自国企業の生産量を導出すると，自国企業の利潤最大化条件は，
$$\frac{d\pi}{dx} = a - 2bx - c - t + s = 0$$
となるので，$x = \frac{a-c-t+s}{2b}$ が得られます。

＜第２段階の解＞

次に外国政府が設定する関税水準を導出すると，外国の厚生は，
$$W_F = \frac{b}{2}\left(\frac{a-c-t+s}{2b}\right)^2 + t\frac{a-c-t+s}{2b}$$
であるので，外国の厚生を最大化する関税水準は，$\frac{dW_F}{dt} = 0$ すなわち，
$b\frac{a-c-t+s}{2b}\frac{-1}{2b} + \frac{a-c-2t+s}{2b} = \frac{a-c-3t+s}{4b} = 0$ より，$t = \frac{a-c+s}{3}$ となります。

＜第１段階の解＞

最後に自国政府が設定する輸出補助金水準を導出すると，自国の厚生は，
$$W_H = bx^2 - sx = b\left(\frac{a-c-t+s}{2b}\right)^2 - s\frac{a-c-t+s}{2b}$$
$$= b\left(\frac{a-c-\frac{a-c+s}{3}+s}{2b}\right)^2 - s\frac{a-c-\frac{a-c+s}{3}+s}{2b}$$
$$= b\left(\frac{a-c+s}{3b}\right)^2 - s\frac{a-c+s}{3b}$$
となるので，自国の厚生を最大化する輸出補助金水準は，$\frac{dW_H}{ds} = 0$，すなわち，$2b\left(\frac{a-c+s}{3b}\right)\frac{1}{3b} - \frac{a-c+2s}{3b} = \frac{-a+c-4s}{9b} = 0$ より，$s = -\frac{a-c}{4}$ となります。

なお，この場合に外国が設定する関税水準は，$t = \frac{a-c+s}{3}$ に代入することにより $t = \frac{a-c}{4}$ となり，この場合の企業の生産量価格は，上で求めた $s = -\frac{a-c}{4}$ および $t = \frac{a-c}{4}$ を $x = \frac{a-c-t+s}{2b}$ に代入することにより，

$x = \dfrac{a-c}{4b}$ となります。

価格は，需要関数 $P = a - bx$ に $x = \dfrac{a-c}{4b}$ を代入することにより，$P = \dfrac{3a+c}{4}$ となります。

3.6　解の性質の考察

$s = -\dfrac{a-c}{4}$ において $a - c > 0$ であるので，$s < 0$ となります。

3.7　分析結果の具象化

負の輸出補助金とは輸出税であるので，日常言語に具象化すると「相手国がその国にとって最適な関税を賦課する場合，自国政府はそれへの対抗として自国企業に輸出税をかけるべきである」と言うことができます。

4 関税への対抗政策の最適戦略モデル分析（2）

4.1 分析の課題

本章 3 と同様に，相手国がその国にとって最適な関税を賦課する場合に，自国政府がそれに対抗する輸出補助金の最適水準について考えます。

4.2 分析の枠組み

本章 3 と同様に，外国と自国とから構成される経済を考えます。外国には企業は存在しないが市場があり，自国には市場がないが企業が 1 つあって，その企業が生産したものを全て外国市場に向けて輸出するものとします。その企業は外国市場において独占企業であるものとし，その限界費用を c，生産量を x とします。

消費者余剰と関税収入の和を外国の利益と定義して W_F と表記し，自国企業の利潤から輸出補助金額を差し引いたものを自国の利益と定義して W_H と表記し，外国政府は W_F を最大化するように自国企業からの輸入 1 単位について t 単位の関税を賦課し，自国政府は W_H を最大化するように自国企業の輸出 1 単位について s 単位の輸出補助金を与えるものとします。

政策決定の手番については以下のようにモデル化します。

第 1 段階：自国政府が自国企業に与える輸出補助金水準 s を決定し，外国政府が自国企業に賦課する関税水準 t を決定

第 2 段階：自国企業が生産量・輸出量 x を決定

　●この設定は，「2 段階ゲーム」となっており，この設定が本章 3 と異なっています。

4.3 数式化

本章 3 と同様に，自国企業が x の量の生産を行って外国へ輸出する時，その価格 P が $P = a - bx$ の水準に定まるものとすると，自国企業の利潤 π は，

$\pi =$ 販売収入 − 生産費用 − 関税支払い + 補助金受取り

$$= (a-bx)x - cx - tx + sx$$

となります。他方，外国の厚生 W_F は，

$$W_F = 消費者余剰 + 関税収入 = \frac{bx^2}{2} + tx$$

となり，自国の厚生 W_H は，

$W_H =$ 自国企業の利潤 − 輸出補助金支払い

$$= \pi - sx = (a-bx)x - cx - tx + sx - sx = (a-bx)x - cx - tx$$

となります。

4.4 最適化問題としての定式化

これまでと同様に，まず，最終段階の生産量を決定します。その問題は，

$$Max\ \pi = \{a - b(x+y)\}x - cx - tx + sx$$

with respect to x

と定式化され，この問題の解として定まる x を所与として第1段階で自国政府および外国政府が厚生最大化を図ることとなります。したがって，第2段階での解を $x^*(t,s)$ とおくと，第1段階での最適化問題は，

$$Max\ W_H = (a - bx^*(t,s))x^*(t,s) - cx^*(t,s) - tx^*(t,s)$$

with respect to s

$$Max\ W_F = \frac{bx^*(t,s)^2}{2} + tx^*(t,s)$$

with respect to t

と定式化されます。

4.5 解の導出

＜第2段階の解＞

自国企業の利潤を最大化する生産量は，

$$\frac{d\pi}{dx} = a - 2bx - c - t + s = 0$$

より，$x = \dfrac{a-c-t+s}{2b}$ となります。

＜第1段階の解＞

次に，外国政府が設定する関税水準および自国政府が設定する輸出補助金

水準を導出します。

この時，外国の厚生は，$W_F = \dfrac{b}{2}\left(\dfrac{a-c-t+s}{2b}\right)^2 + t\dfrac{a-c-t+s}{2b}$ であるので，外国の厚生最大化条件 $\dfrac{dW_F}{dt}=0$ より，$t=\dfrac{a-c+s}{3}$ となります。

他方，自国の厚生は，$W_H = bx^2 - sx = b\left(\dfrac{a-c-t+s}{2b}\right)^2 - s\dfrac{a-c-t+s}{2b}$ となり，自国の厚生最大化条件，$\dfrac{dW_H}{ds}=0$，すなわち，

$$2b\left(\dfrac{a-c-t+s}{2b}\right)\dfrac{1}{2b} - \dfrac{a-c-t+2s}{2b} = \dfrac{a-c-t+s}{2b} - \dfrac{a-c-t+2s}{2b} = -s = 0$$

より，$s=0$ が得られます。

均衡における関税水準および補助金供与水準は，

$t = \dfrac{a-c+s}{3}$

$s = 0$

を同時に満たすものであるので，外国の関税水準は，$t=\dfrac{a-c+s}{3}$ に $s=0$ を代入することにより，$t=\dfrac{a-c}{3}$ となります。

なお，この場合の企業の生産量は，$x=\dfrac{a-c-t+s}{2b}$ に $s=0$ および $t=\dfrac{a-c}{3}$ を代入することにより，$x=\dfrac{a-c}{3b}$ となり，価格は，需要関数 $P=a-bx$ に $x=\dfrac{a-c}{3b}$ を代入することにより，$P=a-\dfrac{a-c}{3}=\dfrac{2a+c}{3}$ となります。

4.6　解の性質の考察

本章 3 における，$t=\dfrac{a-c}{4}$ および，$s=-\dfrac{a-c}{4}$ と比較することにより，

① 　本章 3 における t ＜本章 4 における t

② 　本章 3 における s ＜本章 4 における s

と言えます。

4.7　分析結果の具象化

本節において $s=0$ が得られていることを考慮に入れると，「自国政府の先導性が失われると，外国政府の関税が減り，自国政府は何もしなくなる」と日常言語に具象化できます。

5　関税への対抗政策の最適戦略モデル分析（3）

5.1　分析の課題
本章3および4と同様に，相手国がその国にとって最適な関税を賦課する場合に，自国政府がそれに対抗する輸出補助金の最適水準について考えます。

5.2　分析の枠組み
本章3および4と同様に，外国と自国とから構成される経済を考えます。外国には企業は存在しないが市場があり，自国には市場がないが企業が1つあって，その企業が生産したものを全て外国市場に向けて輸出するものとします。その企業は外国市場において独占企業であるものとし，その限界費用を c，生産量を x とします。

消費者余剰と関税収入の和を外国の利益と定義して W_F と表記し，自国企業の利潤から輸出補助金額を差し引いたものを自国の利益と定義して W_H と表記し，外国政府は W_F を最大化するように自国企業からの輸入1単位について t 単位の関税を賦課し，自国政府は W_H を最大化するように自国企業の輸出1単位について s 単位の輸出補助金を与えるものとします。

政策決定の手番については以下のようにモデル化します。

第1段階：外国政府が自国企業に賦課する関税水準 t を決定
第2段階：自国政府が自国企業に与える輸出補助金水準 s を決定
第3段階：自国企業が生産量・輸出量 x を決定

　➡この設定は，「3段階ゲーム」となっており，本章4とは異なっています。

5.3　数式化
本章3および4と同様に，自国企業が x の量の生産を行って外国へ輸出する時，その価格 P が $P = a - bx$ の水準に定まるものとすると，自国企業の利潤 π は，

π = 販売収入 − 生産費用 − 関税支払い + 補助金受取り
$\quad = (a - bx)x - cx - tx + sx$

となります。他方，外国の厚生 W_F は，

W_F = 外国の関税収入 + 消費者余剰 = $tx + \dfrac{bx^2}{2}$

となり，自国の厚生 W_H は，

W_H = 自国企業の利潤 − 輸出補助金支払い
$\quad = \pi - sx = (a - bx)x - cx - tx + sx - sx = (a - bx)x - cx - tx$

となります。

5.4 最適化問題としての定式化

これまでと同様に，まず，最終段階の生産量を決定します。

その問題は，

$Max \; \pi = \{a - b(x + y)\}x - cx - tx + sx$

with respect to x

と定式化され，この問題の解として定まる x を所与として第 2 段階で外国政府が厚生最大化を図ることとなります。

したがって，第 3 段階での解を $x^*(t, s)$ とおくと，第 2 段階での最適化問題は，

$Max \; W_H = (a - bx^*(t, s))x^*(t, s) - cx^*(t, s) - tx^*(t, s)$

with respect to s

と定式化され，この問題の解として定まる s，および第 3 段階で定まっている x^* を所与として第 1 段階で自国政府が厚生最大化を図ることとなります。

したがって，第 2 段階での解を $s^*(t)$ とおくと，第 1 段階での最適化問題は，

$Max \; W_F = \dfrac{bx^*(t, s(t))^2}{2} + tx^*(t, s(t))$

with respect to s

と定式化されます。

5.5 解の導出

＜第3段階の解＞

自国企業の利潤を最大化する生産量は，
$$\frac{d\pi}{dx} = a - 2bx - c - t + s = 0$$
より，$x = \frac{a-c-t+s}{2b}$ となります。

＜第2段階の解＞

次に，自国政府が設定する輸出補助金水準を導出すると，自国の厚生は，
$$W_H = bx^2 - sx = b\left(\frac{a-c-t+s}{2b}\right)^2 - s\frac{a-c-t+s}{2b}$$
となり，自国の厚生を最大化する輸出補助金水準は，$\frac{dW_H}{ds} = 0$ すなわち，
$$2b\left(\frac{a-c-t+s}{2b}\right)\frac{1}{2b} - \frac{a-c-t+2s}{2b} = -s = 0 \text{ より，} s = 0 \text{ となります。}$$

＜第1段階の解＞

最後に外国政府が設定する関税水準を導出すると，$s=0$ を代入した外国の厚生は，
$$W_F = \frac{b}{2}\left(\frac{a-c-t}{2b}\right)^2 + t\frac{a-c-t}{2b}$$
となるので，外国の厚生を最大化する関税水準は，$\frac{dW_F}{dt} = 0$ より，$t = \frac{a-c}{3}$ となります。

この場合の企業の生産量は，$x = \frac{a-c-t+s}{2b}$ に $s=0$ および，$t = \frac{a-c}{3}$ を代入することにより，$x = \frac{a-c}{3b}$ となります。

価格については，需要関数，$P = a - bx$ に，$x = \frac{a-c}{3b}$ を代入することにより，$P = a - \frac{a-c}{3} = \frac{2a+c}{3}$ となります。

5.6 解の性質の考察

本章4における $t = \frac{a-c}{3}$ および $s=0$ と比較することにより，

① 本章4における t ＝ 本章5における t
② 本章4における s ＝ 本章5における s

と言えます．

5.7 分析結果の具象化

日常言語に具象化すると「自国政府と外国政府が同時に意思決定を行う状況から，外国政府が先導的な状況に変化しても，両者の意思決定は変わらない」となります．

➡本章 3〜5 で学習したことから分かるように，手番がかわるだけで結論がかわる場合もあれば，結論がかわらない場合もあります．

第4章

環境政策の最適戦略モデル分析

第3章に続き産業政策について分析しますが，本章では，外部性のある場合について分析します。すなわち，本章の分析課題は環境政策であり，主として地球温暖化対策としての産業政策について分析します。

　本章1ではCDMの下での寡占競争について分析し，本章2・3では排出割当政策を例にとり，決定する変数の違いがおよぼす影響を明らかにします。

　本章4では，公害をひきおこしている企業に政府が課税すべきか補助金を与えるべきかについて，無限繰り返しゲームを活用して分析します。

第 4 章　環境政策の最適戦略モデル分析

1　CDM 下の寡占競争の最適戦略モデル分析

1.1　分析の課題

地球温暖化防止のための国際的枠組みの構築は，1997 年の COP 3 を契機として進展し，先進諸国への温暖化ガス排出割当の設定とともに，その割当達成のための種々の国際的手法の導入が決定されるに至っています。その手法の 1 つが CDM（Clean Development Mechanism），すなわち，温暖化ガス排出割当に服する国（先進国）と服さない国（発展途上国）とが協力して温暖化ガス削減を行い，その削減量を前者の削減量として認める制度です。

本節では，どのような条件の下で発展途上国企業が CDM を採用するのかについて考えます。なお，本節では分析の性質上，値が正になるかどうかに注目して分析を行います。

1.2　分析の枠組み

発展途上国 C と先進国 J に代表的企業が 1 つずつ存在し，同質の財を生産しているものとします。

両国企業ともに 1 単位の財生産に伴って 1 単位の温暖化ガスを排出しますが，発展途上国企業には温暖化ガス排出削減能力はあるが資金がなく，先進国企業には資金はあるが温暖化ガス排出削減能力がないものとします。

　　➲発展途上国企業のエネルギー消費が先進国企業に比べて非効率であって，改善の余地が大きいということを踏まえています。また，「温暖化ガス排出削減の限界費用が無限大であるために，企業の最適化問題の解としての温暖化ガス排出削減水準がゼロである」ということを，本節では温暖化ガス排出削減能力がないと定義します。

以下では，温暖化ガス排出量から温暖化ガス排出削減量を引いたものを温暖化ガス排出量と定義します。

温暖化ガス排出割当は企業に対してなされ，また，企業が CDM を行うものとして，CDM を「発展途上国企業の温暖化ガス排出削減活動に対して先

進国企業が資金を供与し，その排出削減量を先進国企業の排出削減量とする制度」とします。

財市場は先進国にあって，発展途上国企業がその市場に向けて財の輸出を行い，両国企業がその市場においてクールノー競争に従事するものと仮定します。

1.3 数式化

先進国企業の生産量を x，発展途上国企業の生産量を y と表記し，p を財価格，a，b を正の定数として，財の逆需要関数を $p = a - b(x+y)$ と特定化します。先進国企業，発展途上国企業の財生産の限界費用をそれぞれ 0，c_C（ただし $c_C>0$）とし，発展途上国企業の温暖化ガス排出削減の限界費用を正の一定値 d とします。

　●$c_C>0$ は，結論を明確にするための仮定です。

先進国企業から発展途上国企業への資金供与は従量的とし，単位あたり水準を s とします。以下では，$s>d$ を仮定し，先進国企業が供与する資金が発展途上国企業の排出削減費用を上回るものとし，また，CDM による発展途上国企業の温暖化ガス排出削減水準を z とし，この z は先進国企業が決定する内生変数であるものとします。

以上の分析枠組みにおいて，CDM 採用下の先進国企業および発展途上国企業の利潤がそれぞれ次のように表現されます。

$$\pi_J^C(x,y,z) = \{a - b(x+y)\}x - sz \tag{1}$$

$$\pi_C^C(x,y,z) = \{a - b(x+y) - c_C\}y + (s-d)z \tag{2}$$

(1) 式，(2) 式ともに，第 1 項は財生産からの利潤を表現しています。(1) 式第 2 項は，先進国企業が発展途上国企業に供与する資金総額であり，(2) 式第 2 項は，CDM によって発展途上国企業が獲得する利潤を表現しています。

CASE 1　CDM 採用下での先進国企業と発展途上国企業の利潤

まず，仮に CDM が採用されているものとして，その場合に先進国企業および発展途上国企業が獲得する利潤を求めます。

先進国企業への温暖化ガス排出割当水準を $\bar{x}$ と表記し，$\bar{x}>0$ を仮定します。ここで，CDM による発展途上国企業の温暖化ガス排出削減量が先進国企業の温暖化ガス排出削減量として全て認められるものとし，先進国企業が $x-z \leq \bar{x}$ の制約下で利潤を最大化するものと仮定します。以下では，この制約式が等号で成立するものとし，

$$z = x - \bar{x}$$

を仮定します。

この時，x の決定に伴って z も決定されることになるので，先進国企業の利潤は，

$$\pi_f^C(x, y, z) = \{a - b(x+y)\} x - s(x - \bar{x}) \tag{1'}$$

となります。

CASE 2　CDM 非採用下での先進国企業と発展途上国企業の利潤

次に，仮に CDM が非採用の場合の先進国企業および発展途上国企業の獲得利潤を導出します。この場合の先進国企業の利潤 π_f^N および発展途上国企業の利潤 π_C^N はそれぞれ，

$$\pi_f^N(x, y) = \{a - b(x+y)\} x \tag{3}$$

$$\pi_C^N(x, y) = \{a - b(x+y) - c_C\} y \tag{4}$$

と表現されます。(3) 式，(4) 式はそれぞれ，(1) 式，(2) 式から第2項，すなわち CDM に関係する項を取り除いた形になっています。

1.4　最適化問題としての定式化

CASE 1　CDM 採用下での先進国企業と発展途上国企業の利潤

$$Max \ \pi_f^C(x, y) = \{a - b(x+y)\} x - s(x - \bar{x}) \tag{1'}$$

with respect to x

$$Max \ \pi_C^C(x, y) = \{a - b(x+y) - c_C\} y + (s - d)(x - \bar{x}) \tag{2'}$$

with respect to y

CASE 2　CDM 非採用下での先進国企業と発展途上国企業の利潤

CDM が非採用の場合には，発展途上国企業は「先進国企業が温暖化ガス

排出割当水準 $\bar{x}$ を超えた生産を行えない」ということを読み込んで行動するので，発展途上国企業の最適化問題は，

$$\text{Max } \pi_C^N(\bar{x}, y) \equiv \{a - b(\bar{x} + y) - c_C\} y \tag{4'}$$

with respect to y

となります。

1.5 解の導出

CASE 1 CDM採用下での先進国企業と発展途上国企業の利潤

先進国企業，発展途上国企業の最適化条件は，それぞれ，

$$\frac{\partial \pi_J^C}{\partial x} = a - 2bx - by - s = 0$$

$$\frac{\partial \pi_C^C}{\partial y} = a - bx - 2by - c_C = 0$$

となります。先進国企業のクールノー均衡生産量 x^c および発展途上国企業のクールノー均衡生産量 y^c は，これらの2式を同時に満足するように決定されるので，

$$x^c = \frac{1}{3b}(a - 2s + c_C) \tag{5}$$

$$y^c = \frac{1}{3b}(a + s - 2c_C) \tag{6}$$

となります。$x^c > 0$, $y^c > 0$ が成立するように，以下では，

$$a - 2s + c_C > 0 \tag{7}$$

$$a + s - 2c_C > 0 \tag{8}$$

を仮定します。

ここでCDM採用下の各国企業の利潤を表す（1′）式および（2）式に（5）式および（6）式を代入することによって，CDM採用下の先進国企業のクールノー均衡利潤 π_J^c および発展途上国企業のクールノー均衡利潤 π_C^c が，

$$\pi_J^c = \frac{1}{9b}(a - 2s + c_C)(a - 5s + c_C) + s\bar{x} \tag{9}$$

$$\pi_C^c = \frac{1}{9b}(a + s - 2c_C)^2 + (s - d)\left\{\frac{1}{3b}(a - 2s + c_C) - \bar{x}\right\} \tag{10}$$

の水準に定まります。

この時，発展途上国企業が先進国企業から資金を受けて行う温暖化ガス排出削減は，

$$z^C = \frac{1}{3b}(a - 2s + c_C) - \bar{x}$$

の水準に定まっており，$z^C > 0$ が成立するように，以下では，

$$\frac{1}{3b}(a - 2s + c_C) - \bar{x} > 0 \tag{11}$$

を仮定します。

$s > d$ の仮定，(8) 式および (11) 式の仮定の下で，$\pi_C{}^C > 0$ が成立します。また，$\pi_J{}^C > 0$ が成立するように，以下では，

$$a - 5s + c_C > 0 \tag{12}$$

を仮定します。この (12) 式の仮定と (7) 式等の仮定の下で $\pi_J{}^C > 0$ が成立します。

CASE 2 CDM非採用下での先進国企業と発展途上国企業の利潤

$\frac{\partial \pi_C{}^N}{\partial y} = 0$ を解くことにより，CDM非採用下の発展途上国企業のクールノー均衡生産量 y^N は，

$$y^N = \frac{1}{2b}(a - b\bar{x} - c_C) \tag{13}$$

となります。$y^N > 0$ が成立するように，以下では，

$$a - b\bar{x} - c_C > 0 \tag{14}$$

を仮定します。この y^N と $x = \bar{x}$ を (3) 式に代入することにより，CDMが非採用の場合の先進国企業のクールノー均衡利潤 $\pi_J{}^N$ が，

$$\pi_J{}^N = \frac{1}{2}(a - b\bar{x} - c_C)\bar{x} \tag{15}$$

の水準に決定され，$\bar{x} > 0$ および (14) 式の仮定の下で $\pi_J{}^N > 0$ が成立します。また，y^N と $x = \bar{x}$ を (4) 式に代入することにより，CDM非採用下の発展途上国企業のクールノー均衡利潤 $\pi_C{}^N$ が，

$$\pi_C{}^N = \frac{1}{4b}(a - b\bar{x} - c_C)^2 \tag{16}$$

の水準に定まります。(14) 式の仮定の下で $\pi_C^N>0$ が成立しています。

〈先進国への温暖化ガス排出割当量とCDMの採用・非採用〉

以上の分析に基づいて、本節では、CDM採用のために先進国への温暖化ガス排出割当がどのような水準にあるべきかについて考えます。

CDMが採用されるのは、両国企業ともに、CDM採用下の獲得利潤 $\pi_i^C (i=C, J)$ がCDM非採用下の獲得利潤 $\pi_i^N (i=C, J)$ を上回る場合であり、その条件は、(9) 式から (15) 式を引くことにより、

$$\pi_J^C - \pi_J^N = (a-2s+c_C)\left(a-5s+c_C-\frac{9}{2}b\bar{x}\right) + \frac{1}{2}b\bar{x}^2 \geq 0 \tag{17}$$

となり、一方、発展途上国企業がCDM採用を非採用よりも選好する条件は、(10) 式から (16) 式を引くことにより、

$$\pi_C^C - \pi_C^N = \frac{1}{36b}(a-2s+c_C-3b\bar{x})\{12(s-d)-5a-2s+7c_C+3b\bar{x}\} \geq 0 \tag{18}$$

となります。

CDM採用下の先進国企業の財生産水準 x^C が正という (7) 式の仮定より、(17) 式における $a-2s+c_C$ が正となるので、$\pi_J^C - \pi_J^N \geq 0$ が成立するためには、

$$a-5s+c_C-\frac{9}{2}b\bar{x} \geq 0 \tag{19}$$

が成立すればよく、この (19) 式が成立する場合には、上述の (10) 式の仮定は必ず満たされています。一方、z^C が正であるという (11) 式の仮定より、(18) 式における $a-2s+c_C-3b\bar{x}$ が正となるので、$\pi_C^C - \pi_C^N \geq 0$ が成立するためには、

$$12(s-d)-5a-2s+7c_C+3b\bar{x} \geq 0 \tag{20}$$

が成立すればよいことになります。

以上より、先進国への温暖化ガス排出割当水準 $\bar{x}$ および発展途上国への単位あたり資金供与水準 s がCDM採用のために満足すべき領域は、図4-1のアミかけ部で示されます。πj 線、πc 線は、それぞれ、(19) 式、(20) 式が等号成立する式のグラフを表しています。πj 線の下方領域において先進

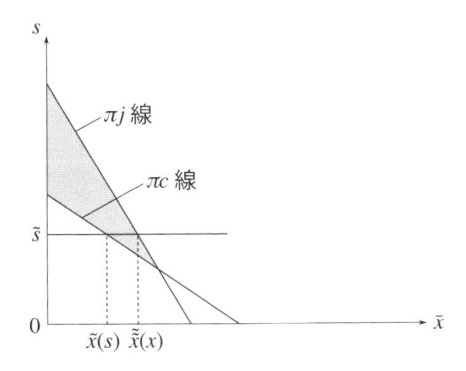

第 4 章　環境政策の最適戦略モデル分析

図4-1　発展途上国企業が CDM を採用する領域

国企業は CDM 採用を選好し，πc 線の上方領域において発展途上国企業は CDM 採用を選好します。この図 4-1 は CDM 採用のためには，典型的には，ある $\tilde{s}$ に対して先進国への温暖化ガス排出割当量 $\bar{x}$ が，$[\tilde{x}(\tilde{s}), \tilde{\tilde{x}}(\tilde{s})]$ の範囲になければならないことを明らかにしています。

　●$\bar{x}$ が小さい場合には先進国企業の申し出を拒否する誘因が発展途上国企業にあり，$\bar{x}$ が大きい場合には先進国企業が CDM を行う誘因がないからです。

ここで $[0, \tilde{x}(\tilde{s})]$ の領域に注目することにより，CDM の採用条件について，

分析結果 1：温暖化ガス排出割当量が $[0, \tilde{x}(\tilde{s})]$ の領域にある場合には，発展途上国は CDM を採用しない

という分析結果が導出されます。

＜先進国への温暖化ガス排出割当量と温暖化ガス排出量＞

先進国への温暖化ガス排出割当の減少が温暖化ガス排出量の減少をもたらすのかどうかについて分析します。

1 単位の生産に伴って 1 単位の温暖化ガスが排出されるという本節での仮定により，CDM 採用下の発展途上国の温暖化ガス排出量は，

$$y^c = \frac{1}{3b}(a + s - 2c_c)$$

であり，CDM 非採用下の発展途上国の温暖化ガス排出量は，

$$y^N = \frac{1}{2b}(a - b\bar{x} - c_C)$$

です。

　一方，先進国企業の温暖化ガス排出量は，CDM の採用，非採用に関わらず $\bar{x}$ の水準となっています。CDM 採用下においては $\bar{x}$ を超える温暖化ガス排出量は CDM によって削減しており，CDM 非採用下においては，温暖化ガス排出量がこの $\bar{x}$ に等しくなっているからです。したがって，上述の y^C，y^N に $\bar{x}$ を加えることによって，CDM の採用，非採用の場合の温暖化ガス排出量の両国の総和が導かれます。すなわち，CDM 採用下の温暖化ガス排出量の両国の総和は，

$$y^C + \bar{x} = \frac{1}{3b}(a + s - 2c_C) + \bar{x} \tag{21}$$

となり，CDM 非採用下の温暖化ガス排出量の両国の総和は，

$$y^N + \bar{x} = \frac{1}{2b}(a - b\bar{x} - c_C) + \bar{x} \tag{22}$$

となります。両者の関係は，典型的には図4-2のように表現されます。EC 線は $y^C + \bar{x}$ を表しており，EN 線は $y^N + \bar{x}$ を表しています。EC 線の方が EN 線よりも下方に位置しています。

　一方，ある $\tilde{s}$ に対して，先進国への温暖化ガス排出割当 $\bar{x}$ が臨界値 $\tilde{x}(\tilde{s})$

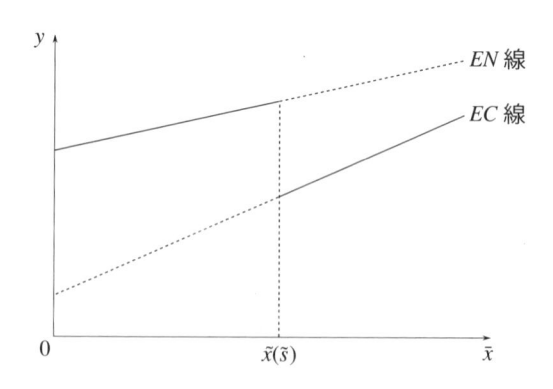

図4-2　排出割当と発展途上国企業の排出量

を下回る場合にはCDMが成立しないということが分析結果1によって示されているので，実現する温暖化ガス排出量の両国の総和が典型的には図4−2における実線のような不連続な軌跡として描かれます。ここで$\tilde{x}(\tilde{s})$の近傍に注目することによって，

　分析結果2：先進国への温暖化ガス排出割当が$\tilde{x}(\tilde{s})$を超えると，温暖化ガス排出量の総和が不連続的に減少する

という分析結果が導出されます。

1.6　解の性質の考察

　財市場拡大を，aの増加として捉えられることとすると，このaの増加に伴って，先進国企業への影響に関しては，（19）式から読み取られるように，図4−1におけるπj線が右方にシフトします。

　　➡財市場拡大に伴う温暖化ガス排出量の増加に起因して，先進国企業のCDM採用への誘因が増加することを意味しています。

　一方，発展途上国企業に関しては，aの増加に伴って，（20）式から読み取られるように，図4−1におけるπc線が右方にシフトします。

　　➡発展途上国企業は，CDM採用を拒否して財市場での独占力を強化することの利益が増加するために，CDM不採用の誘因が増加します。

　以上より，

　分析結果1系：財市場拡大に伴って，図4−1におけるCDM採用領域が右方にシフトする

と結論づけられます。

　「財市場拡大後においてCDM非採用からCDM採用へと変わる臨界値」を$\hat{x}$と表記すると，分析結果1系は$\hat{x} > \tilde{x}$と表現されます。

　　➡$\tilde{x}$は財市場拡大前の臨界値です。

　他方，財市場が拡大すると，財生産が活発化して温暖化ガス排出が増加するので，EC線もEN線もともに上方にシフトします。このことと「$\hat{x} > \tilde{x}$」を併せ考えることにより，実現する温暖化ガス排出量が図4−3における実線として表現されます。破線は財市場拡大前に実現していた温暖化ガス排出量です。

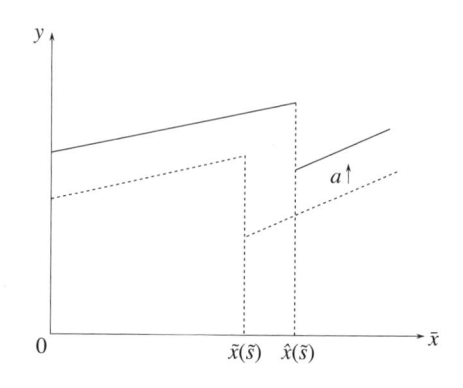

図4-3 財市場の拡大と発展途上国企業の排出量

ここで $[\tilde{x}(\tilde{s}), \hat{x}(\tilde{s})]$ の領域に注目することによって,

分析結果2系：財市場が拡大した場合に，先進国への温暖化ガス排出割当を増加しないと，温暖化ガスの総和が急増する恐れがある

という系が導かれます。

1.7 分析結果の具象化

得られた結論を日常言語に具象化すると，次のようになります。

① CDM採用が確実とは言えない状況においては，先進国への温暖化ガス排出割当が少ない場合には発展途上国企業がCDMを採用しない場合があり，それゆえ，

② 先進国への温暖化ガス排出割当の増加によって温暖化ガス排出量の総和が減少する局面があり，また，

③ 財市場が拡大した場合に，先進国への温暖化ガス排出割当を増加しないと，温暖化ガスの総和が急増する恐れがある。

2 排出割当政策の最適戦略モデル分析（1）

2.1 分析の課題

燃料生産から財生産に至る過程において，どの産業分野に排出割当を行うべきかについて，関連諸国との戦略的連関を考慮に入れて分析します。より具体的には，上流規制と下流規制のどちらの規制において，対象とする国の厚生が高まるのかを明らかにすることが本節の課題です。

2.2 分析の枠組み

対象とする国の産業のうちで石油生産者とメーカーとに焦点を当てます。石油生産者は原油を石油に精製してメーカーへ販売し，メーカーはその石油を投入して財を生産するものとします。関連諸国として産油国と財輸入国を取り上げます。

対象とする国には石油生産者とメーカーが1つずつ存在し，石油生産者は産油国から輸入した原油を石油に精製してメーカーへ販売し，メーカーはその石油を投入して財を生産して財輸入国へ販売するものとします。石油生産者が上流企業であり，メーカーが下流企業です（図4-4）。石油精製からはCO_2が排出されず，財生産からCO_2が排出されるものとします。石油生産者は排出削減不可能であり，メーカーは排出削減可能であるものとします。石油生産者に排出権を割り当てる場合を上流規制と呼び，メーカーに排出権を割り当てる場合を下流規制と呼びます。

対象とする国の厚生を石油生産者の利潤とメーカーの利潤の和と定義し，輸入国の厚生を消費者余剰と関税収入の和，産油国の厚生を原油販売の利潤

産油国	⇨	石油生産者	⇨	メーカー	⇨	財輸入国
		輸出（上流企業）		輸出（下流企業）		

図4-4　基本モデルの概要

と定義します。財輸入国は厚生を最大化するように関税水準を設定するものとします。

手番は，次のとおりとします。

　◉この設定は，「3段階ゲーム」となっています。

第1段階：対象とする国の政府が上流・下流のどちらに割り当てるかを決定
第2段階：財輸入国が関税水準を決定
第3段階：石油生産者およびメーカーが生産量を決定

2.3　数式化

石油生産者が産油国から輸入する原油の単価を r，石油生産者がメーカーへ販売する単価を q，メーカーが財輸入国へ販売する財の単価を P，石油生産者の石油生産量を x，メーカーの財生産量を X と表記します。以下ではメーカーは1単位の石油投入から1単位の製造品を生産するものと基準化します。

　◉すなわち，$x = X$ です。

石油生産者は価格を所与として利潤最大化を図り，メーカーは財需要を考慮に入れて利潤最大化を図るものとします。

メーカーが排出削減を行わない場合にはメーカーは財生産1単位あたり1単位の CO_2 を排出し，メーカーが Z^2 の費用をかけると単位あたり排出量が $(1-Z)$ になるものとします。

対象とする国は $\overline{E}$ の量の排出権を割り当てられており，対象とする国の政府は，石油生産者とメーカーのどちらかに排出権を割り当てるものとします。

上流規制の場合には，メーカーは削減を行わないので排出量は X となり，石油生産者は $(X-\overline{E})$ の量の排出権を購入することとなります。メーカーが1単位の石油投入から1単位の製造品を生産するという上述の仮定より，石油生産者は $(x-\overline{E})$ の量の排出権を購入することとなります。一方，下流規制の場合には，メーカーは $(1-Z)X$ の量の CO_2 を排出し，メーカーが $(1-Z)X-\overline{E}$ の量の排出権を購入することとなります。排出権の単価 Q は所与の外生変数であるものとします。

財輸入国の需要関数を $P = a - bX$ とし，財輸入国はメーカーに対して従量

税 t を賦課するものとします。また，産油国の原油産出費用をゼロとします。

　●単純化の仮定です。

　このような多段階ゲームの場合，均衡は後方帰納法によって解くこととなるので，以下では，割当方法および関税水準および原油単価を所与とした場合のメーカーの財生産量を，上流規制の場合と下流規制の場合それぞれについて求めます。

CASE 1　上流規制

　対象とする国が上流規制を行っている場合，石油生産者は $(x-\overline{E})$ の量の排出権を購入することとなります。したがって，この場合の石油生産者の利潤 π^U は，収入 qx から原油購入支出 rx および排出権購入支出 $Q(x-\overline{E})$ を差し引いたものとして，

$$\pi^U = qx - rx - Q(x-\overline{E})$$

と表現されます。一方，この場合のメーカーの利潤 Π^U は収入 PX から石油購入支出 qX および関税支払い tX を差し引いたものとなります。$P=a-bX$ を代入することにより，

$$\Pi^U = (a-bX)X - qX - tX$$

となります。

CASE 2　下流規制

　次に対象とする国が下流規制を行っている場合について分析します。この場合の石油生産者の利潤 π^D は，収入 qx から原油購入支出 rx を差し引いたものとして，

$$\pi^D = qx - rx$$

と表されます。

　一方，この場合のメーカーは単位あたり排出量を $(1-Z)$ にしているので，$\{(1-Z)X-\overline{E}\}$ の量の排出権を購入することとなります。したがって，メーカーの利潤 Π^D は収入 PX から石油購入支出 qX，排出権購入費用 $Q\{(1-Z)X-\overline{E}\}$，排出削減費用 Z^2 および関税支払い tX を差し引いたものとなります。$P=a-bX$ を代入することにより，

$$\Pi^D = (a-bX)X - qX - Q\{(1-Z)X - \overline{E}\} - Z^2 - tX$$

と表されます。

2.4 最適化問題としての定式化

CASE 1 上流規制

石油生産者は石油生産量 x を変数として利潤最大化を図り，メーカーは財生産量 X を変数として最大化を図るので，それぞれの解くべき問題は，

Max $\pi^U = qx - rx - Q(x - \overline{E})$

with respect to x

Max $\Pi^U = (a - bX)X - qX - tX$

with respect to X

となります。

CASE 2 下流規制

石油生産者は石油生産量 x を変数として利潤最大化を図り，メーカーは財生産量 X および単位あたり排出削減量 Z を変数として最大化を図るので，

Max $\pi^D = qx - rx$

with respect to x

Max $\Pi^D = (a-bX)X - qX - Q\{(1-Z)X - \overline{E}\} - Z^2 - tX$

with respect to X and Z

となります。

2.5 解の導出

＜第3段階の解＞

CASE 1 上流規制

それぞれの利潤最大化条件 $\dfrac{d\pi^U}{dx} = 0$ および $\dfrac{d\Pi^U}{dX} = 0$ より，

$q = r + Q$

$X^U = \dfrac{a - r - Q - t}{2b}$

が得られます。

CASE 2 下流規制

まず,石油生産者の利潤最大化条件 $\dfrac{d\pi^D}{dx} = 0$ より,

$$q = r$$

が得られ,一方,メーカーの利潤最大化条件, $\dfrac{\partial \Pi^D}{\partial X} = 0$ および $\dfrac{\partial \Pi^D}{\partial Z} = 0$ より,

$$X^D = \frac{a - r - Q - t}{2b - \dfrac{Q^2}{2}}$$

$$Z^D = \frac{QX}{2}$$

が得られます。

＜第２段階の解＞

CASE 1 上流規制

この場合の財輸入国の厚生 W^U は,

$$W^U = \frac{1}{8b}(a - r - Q - t)^2 + \frac{1}{2b} t(a - r - Q - t)$$

となり,財輸入国は関税水準 t を変数として厚生最大化を図るので,厚生最大化の条件は, $\dfrac{dW^U}{dt} = 0$ となり,この条件より,

$$t^U = \frac{a - r - Q}{3}$$

が得られます。

対象とする国が上流規制を行っている場合には,メーカーの利潤 Π^U は,

$$\Pi^U = bx^2 = \frac{1}{9b}(a - r - Q)^2$$

となり,また,この場合 $r = 0$ となるので,

$$\Pi^U = \frac{1}{9b}(a - Q)^2$$

となります。

一方, $\pi^U = 0$ となるので,対象とする国のこの場合の厚生 U^U は,

$$U^U = \frac{1}{9b}(a - Q)^2$$

となります。

CASE 2　下流規制

この場合の財輸入国の厚生 W^D は,

$$W^D = \frac{1}{8b}(a-r-Q-t)^2 + \frac{1}{2b}t(a-r-Q-t)$$

となり，財輸入国は関税水準 t を変数として厚生最大化を図るので，厚生最大化の条件は, $\frac{dW^D}{dt}=0$ となり，この条件より,

$$t^D = \frac{(b-\frac{Q^2}{2})(a-r-Q)}{3b-Q^2}$$

が得られます。

対象とする国が下流規制を行っている場合には，メーカーの利潤 Π^D は,

$$\Pi^D = bx^2 - Z^2 = \frac{1}{(3b-Q^2)^2}(b-\frac{Q^2}{4})(a-r-Q)^2$$

となり，また，この場合 $r=0$ となるので,

$$\Pi^D = \frac{1}{(3b-Q^2)^2}(b-\frac{Q^2}{4})(a-Q)^2$$

となります。

一方，$\pi^U=0$ となるので，対象とする国のこの場合の厚生 U^D は,

$$U^D = \frac{1}{(3b-Q^2)^2}(b-\frac{Q^2}{4})(a-Q)^2$$

となります。

＜第1段階の解＞

$U^U > U^D \quad \Leftrightarrow \quad 0 < b < \frac{4}{15}Q^2$

が得られます。

2.6　解の性質の考察

したがって，「Q が大きい場合，あるいは b が小さい場合には，上流規制の方が望ましい」と言えます。

2.7 分析結果の具象化

　日常言語に具象化すると,「排出権価格が高い場合,あるいは最終財の需要の弾力性が小さい場合には,上流規制の方が望ましい」となります。

3 排出割当政策の最適戦略モデル分析（2）

3.1 分析の課題

本章 2 と同様に，燃料生産から財生産に至る過程において，どの産業分野に排出割当を行うべきかについて，関連諸国との戦略的連関を考慮に入れて分析します。上流規制と下流規制のどちらの規制において，対象とする国の厚生が高まるのかを明らかにすることが本節の課題です。

3.2 分析の枠組み

本章 2 と同様に，対象とする国の産業のうちで石油生産者とメーカーとに焦点を当てます。石油生産者は原油を石油に精製してメーカーへ販売し，メーカーはその石油を投入して財を生産するものとします。関連諸国としては産油国と財輸入国を取り上げます。

対象とする国には石油生産者（上流企業）とメーカー（下流企業）が 1 つずつ存在し，石油生産者は産油国から輸入した原油を石油に精製してメーカーへ販売し，メーカーはその石油を投入して財を生産して財輸入国へ販売するものとします。石油精製からは CO_2 が排出されず，財生産から CO_2 が排出されるものとします。石油生産者は排出削減不可能であり，メーカーは排出削減可能であるものとします。石油生産者に排出権を割り当てる場合を上流規制と呼び，メーカーに排出権を割り当てる場合を下流規制と呼びます。

対象とする国の厚生を石油生産者の利潤とメーカーの利潤の和と定義し，輸入国の厚生を消費者余剰と関税収入の和，産油国の厚生を原油販売の利潤と定義します。財輸入国は厚生を最大化するように関税水準を設定するものとします。

手番については，
第 1 段階：対象とする国の政府が上流・下流のどちらに割り当てるかを決定
第 2 段階：財輸入国が関税水準を決定し，産油国が原油の単価を決定
第 3 段階：石油生産者およびメーカーが生産量を決定

とします。

　⮕この設定も，「3段階ゲーム」となっています。ただし，第2段階で産油国が原油の単価を設定していることが本章2と異なっています。

3.3　数式化

　石油生産者が産油国から輸入する原油の単価を r，石油生産者がメーカーへ販売する単価を q，メーカーが財輸入国へ販売する財の単価を P，石油生産者の石油生産量を x，メーカーの財生産量を X と表記し，$x=X$ を仮定します。

　⮕メーカーが1単位の石油投入から1単位の製造品を生産するという仮定です。

　石油生産者は価格を所与として利潤を最大化し，メーカーは財需要を考慮に入れて利潤を最大化するものとします。

　メーカーが排出削減を行わない場合にはメーカーは財生産1単位あたり1単位の CO_2 を排出し，メーカーが Z^2 の費用をかけると単位あたり排出量が $(1-Z)$ になるものとします。

　対象とする国は $\overline{E}$ の量の排出権を割り当てられており，対象とする国の政府は，石油生産者とメーカーのどちらかに排出権を割り当てるものとします。

　上流規制の場合には，メーカーは削減を行わないので排出量は X となり，石油生産者は $(X-\overline{E})$ の量の排出権を購入することとなります。メーカーが1単位の石油投入から1単位の製造品を生産するという上述の仮定より，石油生産者は $(x-\overline{E})$ の量の排出権を購入することとなります。一方，下流規制の場合には，メーカーは $(1-Z)X$ の量の CO_2 を排出し，メーカーが $(1-Z)X-\overline{E}$ の量の排出権を購入することとなります。排出権の単価 Q は所与の外生変数であるものとします。

　財輸入国の需要関数を $P=a-bX$ とし，財輸入国はメーカーに対して従量税 t を賦課するものとします。また，産油国の原油産出費用をゼロとします。

　⮕単純化の仮定です。

このような多段階ゲームの場合，均衡は後方帰納法によって解くこととなるので，以下では，割当方法および関税水準および原油単価を所与とした場合のメーカーの財生産量を，上流規制の場合と下流規制の場合それぞれについて求めます。

CASE 1 上流規制

対象とする国が上流規制を行っている場合，石油生産者は $(x-\overline{E})$ の量の排出権を購入することとなります。したがって，この場合の石油生産者の利潤 π^U は，収入 qx から原油購入支出 rx および排出権購入支出 $Q(x-\overline{E})$ を差し引いたものとして，

$$\pi^U = qx - rx - Q(x-\overline{E})$$

と表現されます。一方，この場合のメーカーの利潤 Π^U は収入 PX から石油購入支出 qX および関税支払い tX を差し引いたものとなります。

$P = a - bX$ を代入することにより，

$$\Pi^U = (a-bX)X - qX - tX$$

となります。

CASE 2 下流規制

次に対象とする国が下流規制を行っている場合について分析します。この場合の石油生産者の利潤 π^D は収入 qx から原油購入支出 rx を差し引いたものとして，

$$\pi^D = qx - rx$$

と表されます。一方，この場合のメーカーは単位あたり排出量を $(1-Z)$ にしているので，$\{(1-Z)X-\overline{E}\}$ の量の排出権を購入することとなります。したがって，メーカーの利潤 Π^D は収入 PX から石油購入支出 qX，排出権購入費用 $Q\{(1-Z)X-\overline{E}\}$，排出削減費用 Z^2 および関税支払い tX を差し引いたものとなり，$P = a - bX$ を代入することにより，

$$\Pi^D = (a-bX)X - qX - Q\{(1-Z)X-\overline{E}\} - Z^2 - tX$$

と表されます。

3.4 最適化問題としての定式化

CASE 1　上流規制

石油生産者は石油生産量 x を変数として利潤最大化を図り，メーカーは財生産量 X を変数として最大化を図るので，それぞれの解くべき問題は，

$Max\ \pi^U = qx - rx - Q(x - \overline{E})$

with respect to x

$Max\ \Pi^U = (a - bX)X - qX - tX$

with respect to X

となります。

CASE 2　下流規制

石油生産者は石油生産量 x を変数として利潤最大化を図り，メーカーは財生産量 X および単位あたり排出削減量 Z を変数として最大化を図るので，

$Max\ \pi^D = qx - rx$

with respect to x

$Max\ \Pi^D = (a - bX)X - qX - Q\{(1-Z)X - \overline{E}\} - Z^2 - tX$

with respect to X and Z

となります。

3.5 解の導出

＜第3段階の解＞

CASE 1　上流規制

それぞれの利潤最大化条件 $\dfrac{d\pi^U}{dx} = 0$ および $\dfrac{d\Pi^U}{dX} = 0$ より，

$q = r + Q$

$X^U = \dfrac{a - r - Q - t}{2b}$

が得られます。

CASE 2　下流規制

まず，石油生産者の利潤最大化条件 $\dfrac{d\pi^D}{dx} = 0$ より，

$q = r$

が得られ，一方，メーカーの利潤最大化条件 $\frac{\partial \Pi^D}{\partial X}=0$ および $\frac{\partial \Pi^D}{\partial Z}=0$ より，

$$X^D = \frac{a-r-Q-t}{2b-\frac{Q^2}{2}}$$

$$Z^D = \frac{QX}{2}$$

が得られます。

＜第2段階の解＞

CASE 1 上流規制

この場合の財輸入国の厚生 W^U は，

$$W^U = \frac{1}{8b}(a-r-Q-t)^2 + \frac{1}{2b}t(a-r-Q-t)$$

となり，財輸入国は関税水準 t を変数として厚生最大化を図るので，厚生最大化の条件は $\frac{dW^U}{dt}=0$ となり，この条件より，

$$t^U = \frac{a-r-Q}{3}$$

が得られます。

他方，産油国の厚生 V^U は，

$$V^U = rx = r\frac{a-r-Q-t}{2b}$$

となり，産油国は r を変数としてこの厚生を最大化するので，厚生最大化の条件 $\frac{dV^U}{dr}=0$ より，産油国の反応関数が，

$$r = \frac{a-Q-t}{2}$$

となります。上で求めた $t=\frac{a-r-Q}{3}$ と連立することにより，この場合の石油単価 r^U および関税水準 t^U が，

$$r^U = \frac{2}{5}(a-Q)$$

$$t^U = \frac{1}{5}(a-Q)$$

となり，この時，財生産量および利潤は，

$$X^U = \frac{1}{5b}(a-Q)$$
$$\varPi^U = \frac{1}{25b}(a-Q)^2$$
となります。

一方，$\pi^U = 0$ となるので，対象とする国のこの場合の厚生 U^U は，
$$U^U = \frac{1}{25b}(a-Q)^2$$
となります。

CASE 2　下流規制

対象とする国が下流規制を行っている場合の財輸入国の厚生 W^D は，
$$W^D = \frac{1}{8b}(a-r-Q-t)^2 + \frac{1}{2b}t(a-r-Q-t)$$
となり，財輸入国は関税水準 t を変数として厚生最大化を図るので，厚生最大化の条件は $\dfrac{dW^D}{dt} = 0$ となり，この条件より，
$$t^D = \frac{\left(b - \dfrac{Q^2}{2}\right)(a-r-Q)}{3b - Q^2}$$
が得られます。

他方，この場合の産油国の厚生 V^D は，
$$V^D = rx = r\frac{a-r-Q-t}{2b - \dfrac{Q^2}{2}}$$
となり，産油国は r を変数としてこの厚生を最大化するので，厚生最大化の条件は，$\dfrac{dV^D}{dr} = 0$ となり，この条件より，産油国の反応関数は，
$$r^D = \frac{a-Q-t}{2}$$
となります。上で求めた $t^D = \dfrac{\left(b-\dfrac{Q^2}{2}\right)(a-r-Q)}{3b-Q^2}$ と連立することにより，この場合の石油単価 r^D および関税水準 t^D が，
$$r^D = \frac{4b + Q^2}{10b - 3Q^2}(a-Q)$$
$$t^D = \frac{2b - Q^2}{10b - 3Q^2}(a-Q)$$

となり，この時，財生産量および利潤は，

$$X^D = \frac{1}{4b-Q^2} \frac{8b-5Q^2}{10b-6Q^2}(a-Q)$$

$$\Pi^D = \frac{1}{4b-Q^2}\left(\frac{4b-\frac{5}{2}Q^2}{10b-6Q^2}\right)^2 (a-Q)^2$$

となります。

一方，$\pi^D=0$ となるので，対象とする国のこの場合の厚生 U^D は，

$$U^D = \frac{1}{4b-Q^2}\left(\frac{4b-\frac{5}{2}Q^2}{10b-6Q^2}\right)^2 (a-Q)^2$$

となります。

<第1段階の解>

以上より，次の分析結果が得られます。

$$U^U > U^D \Leftrightarrow b\left(b-\frac{3}{8}Q^2\right)^2 > \left(b-\frac{1}{4}Q^2\right)\left(b-\frac{3}{5}Q^2\right)^2$$

$$\Leftrightarrow 0.25\,Q^2 < b < 1.22\,Q^2$$

3.6 解の性質の考察

本章2と比較することにより，

b	0	$\frac{1}{4}Q^2$	$\frac{4}{15}Q^2$	$\frac{3}{5}Q^2$
財輸入国のみが戦略的に行動	上流規制が望ましい	上流規制が望ましい	下流規制が望ましい	下流規制が望ましい
産油国も戦略的に行動	下流規制が望ましい	上流規制が望ましい	上流規制が望ましい	下流規制が望ましい

となり，$0<b<\frac{1}{4}Q^2$ の領域および $\frac{4}{15}Q^2<b<\frac{3}{5}Q^2$ の領域においては，産油国が戦略的になることにより望ましい規制が変化することが分かります。

3.7 分析結果の具象化

　以上より，「財輸入国のみが戦略的に行動する場合に比べて，産油国も戦略的に行動する場合の方が，対象とする国にとって上流規制の方が望ましく，最終財需要の価格弾力性の領域の下方境界値も上方境界値もともに大きい」と日常言語に具象化できます。

　　➡本章の2および3で学習したことから分かるように，異なる分析の枠組みの下での解を比較することによって，分析を深めることができます。

4　環境税と環境補助金の選択の最適戦略モデル分析

4.1　分析の課題
　公害の原因となる財を生産している企業に対して，政府が「課税する」「補助金を与える」の2つの経済的手段を用いる時，企業がどのように行動し，それに応じて政府はどちらの政策を選択するべきかについて分析します。

4.2　分析の枠組み
　企業と政府に焦点を当て，企業は財を生産して国外へ輸出し，また，企業の生産活動により公害が発生するものとします。以下では生産1単位あたりeの公害被害が発生するものとします（公害被害の単位は価格と同じです）。企業は無限の将来にわたって行動し，将来の価値を割り引いて換算するものとし，割引率を$\delta(0<\delta<1)$とします。

4.3　数式化
　財価格をpとし，企業がxの生産を行う場合にはx^2の費用がかかるものと仮定します。
　この時，企業の利潤πは，
$$\pi = px - x^2$$
となり，利潤を最大化する生産量$x*$は$\frac{d\pi}{dx}=p-2x=0$より，$\frac{p}{2}$となります。

　ここで，政府は次のような契約を企業と結ぶものとします。
「企業が生産個数xが$x*$を下回るようにすると約束するならば，政府は企業に$e(x*-x)$円の補助金を企業に前払いで与える。しかし，企業が政府との約束を破り，生産個数を$x*$のままにした場合は，政府は以後ペナルティーとして企業に生産1単位あたりeの課税を行う」。

　➡ここでの設定においては第2章7と同様に，企業の生産1単位あたりeの課税あるいは補助金によって社会的最適が達成されます。

4.4 最適化問題としての定式化

この場合の企業の解くべき問題は，

① 政府との約束を守る場合の利潤の現在価値の総和
② 政府との約束を破る場合の利潤の現在価値の総和

を比較して，大きい方を選ぶこととなります。

4.5 解の導出

＜企業が政府との約束を守る場合の利潤＞

政府との約束を守る場合の企業利潤を π^S と表記すると，

$$\pi^S = px - x^2 + e(x^* - x) \quad \text{ただし，} x^* = \frac{p}{2}$$

と表現されます。この場合に企業にとって最適な生産個数を x^S と表記すると，最適化条件，

$$\frac{d\pi^S}{dx} = p - 2x - ex = 0$$

を解くことにより，$x^S = \frac{p-e}{2}$ となり，この時，π^S は，

$$\pi^S = \frac{(p-e)^2}{4} + ex^* = \frac{(p-e)^2}{4} + e\frac{p}{2} = \frac{p^2 + e^2}{4}$$

となり，政府との約束を守る場合には，企業は π^S の利潤を獲得し続けるので，この時の利潤の現在価値の総和を V_1 と表記すると，

$$V_1 = \pi^S + \delta\pi^S + \delta^2\pi^S + \ldots = \frac{\pi^S}{1-\delta}$$

となります。

＜企業が政府との約束を破る場合の利潤＞

企業が，補助金を与えられているにも関わらず，政府との約束を破り，生産個数を $x^*\left(=\frac{p}{2}\right)$ のままとする場合の企業利潤 π^D は，

$$\pi^D = px^* - x^{*2} + e\left(x^* - \frac{p-e}{2}\right) = p\frac{p}{2} - \left(\frac{p}{2}\right)^2 + e\left(\frac{p}{2} - \frac{p-e}{2}\right)$$

$$= \frac{p^2 + 2e^2}{4}$$

となり，また，企業が政府との約束を破った場合にはその後の利潤 π^T は

$\pi^T = px - x^2 - ex$ の最大値として $\frac{(p-e)^2}{4}$ となります（$\frac{d\pi^T}{dx} = p - 2x - e = 0$ より求まる $x = \frac{p-e}{2}$ を π^T に代入した値です）。このように，破った期には π^D の利潤を獲得しますが，その後の利潤は永久に π^T となるので，利潤の現在価値の総和を V_2 と表記すると，次のようになります。

$$V_2 = \pi^D + \delta\pi^T + \delta^2\pi^T + \ldots = \pi^D + \frac{\delta\pi^T}{1-\delta}$$

＜企業の選択──政府との約束を守るべきか破るべきか＞

企業が政府との約束を守る条件は，$V_1 > V_2$，すなわち，

$\frac{\pi^S}{1-\delta} > \pi^D + \frac{\delta\pi^T}{1-\delta}$ であり，これを整理することにより，$\delta > \frac{\pi^D - \pi^S}{\pi^D - \pi^T}$ となります。

この式に上で求めた $\pi^S = \frac{p^2 + e^2}{4}$，$\pi^T = \frac{(p-e)^2}{4}$，$\pi^D = \frac{p^2 + 2e^2}{4}$ を代入すると，

$$\frac{\pi^D - \pi^S}{\pi^D - \pi^T} = \frac{e}{2p+e}$$

となるので，以下の分析結果が導かれます。

分析結果１：企業の選択

① $\delta > \frac{e}{2p+e}$ が成立すれば，企業は政府との約束を守り

② $\delta < \frac{e}{2p+e}$ が成立すれば，企業は政府との約束を破る

分析結果２：政府の選択

① $\delta > \frac{e}{2p+e}$ の場合には，企業は約束を守るので，政府は補助金政策を行う

② $\delta < \frac{e}{2p+e}$ の場合には，仮に補助金政策を行っても企業は約束を破るので，政府は課税政策を行う

4.6　解の性質の考察

$\delta > \frac{e}{2p+e}$ および $\delta < \frac{e}{2p+e}$ は，$\delta = \frac{e}{2p+e}$ を境界として，それぞれ領域

1および領域2として表現されます。

また，p が増加すると $\delta = \dfrac{e}{2p+e}$ が下方にシフトするので，領域1が拡大し，領域2が縮小することが分かります。

$\dfrac{e}{2p+e} = 1 - \dfrac{2p}{2p+e}$ であるので，図4-5における曲線は $\delta = 1$ に漸近しています。

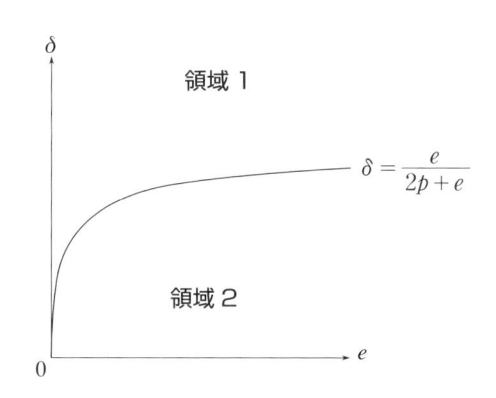

図4-5　財市場の拡大と発展途上国企業の排出量

4.7　分析結果の具象化

δ が大きいことは将来の重要性が高いことを意味し，δ が小さいことは将来の重要性が低いことを意味するので，

① 公害被害が一定であれば，将来の重要性が高まると，補助金政策が行われるようになる

と言えます。その他にも，

② 将来の重要性が一定であれば，公害被害が大きくなると課税政策が行われるようになる

ただし，将来の重要性が $\dfrac{e}{2p+e}$ を上回ると，公害被害の大きさに関わらず補助金政策が行われる，

③ 財価格が増加すると領域1が拡大し，領域2が縮小する

と日常言語に具象化することができます。

第5章

経営戦略ツールの最適戦略モデル分析

本章と第6章では経営戦略について分析します。本章は経営学からのアプローチであり，経営戦略ツールをミクロ経済理論に基づいて捉え直します。

　特に，SWOT分析，ボストン・マトリックス，AISAS，ポジショニング戦略について考えます。

第5章　経営戦略ツールの最適戦略モデル分析

1　SWOT分析の最適戦略モデル分析

1.1　分析の課題
「強みを生かすべきか，弱みを克服すべきか」について考えます。

1.2　分析の枠組み
2つの市場に製品を販売している企業を分析対象とし，以下のように変数をSWOTと対応させます。

StrengthおよびWeakness：自分で制御できる内生変数   Strength：高い便益をもたらす内生変数，あるいは，費用の低い内生変数   Weakness：低い便益しかもたらさない内生変数，あるいは，費用の高い内生変数
OpportunityおよびThreat：自分で制御できない外生変数   Opportunity：プラスの影響を与える外生変数   Threat：マイナスの影響を与える外生変数

1.3　数式化
まず，企業が生産・販売している財1および財2について，需要関数をそれぞれ，

$p = a - x$

$q = A - y$

と特定化します。

　●単純化のため，xおよびyの係数を-1としています。

　また，費用については，財1をx単位，財2をy単位生産するための費用を$c(x+\theta y)^2$とします。ここで$\theta > 1$を仮定し，財1生産に比べて財2生産に弱みを持つものとします。

　●財2の方が1単位あたりにかかる費用が高いということです。

2つの財の売り先である第1市場と第2市場について，第1市場に比べて第2市場の規模が小さい（需要が少ない）場合には$a>A$となり，第1市場に比べて第2市場の方に機会（好機）が多い場合には$a<A$となります。以下では両方の場合について分析します。

1.4 最適化問題としての定式化

以上の設定において利潤関数は，
$$\pi = (a-x)x + (A-y)y - c(x+\theta y)^2$$
with respect to x and y

となり，したがって，最適化問題は，
$$\text{Max } \pi = (a-x)x + (A-y)y - c(x+\theta y)^2$$
with respect to x and y

となります。

1.5 解の導出

利潤最大化条件より，
$$\frac{\partial \pi}{\partial x} = a - 2x - 2c(x+\theta y) = 0$$
$$\frac{\partial \pi}{\partial y} = A - 2y - 2c\theta(x+\theta y) = 0$$

が得られ，これらの2式より，$a\theta - 2\theta x = A - 2y$，すなわち，
$$y = \frac{A - a\theta + 2\theta x}{2}$$

が導き出され，このyを$a - 2x - 2c(x+\theta y) = 0$に代入すると，
$$a - 2x - 2c\left(x + \theta \frac{A - a\theta + 2\theta x}{2}\right) = 0$$

となり，xについて解くことにより，
$$x = \frac{a + c\theta(a\theta - A)}{2(1 + c + c\theta^2)}$$

が得られます。

1.6　解の性質の考察

$x = \dfrac{a}{2} - \dfrac{c(A\theta + a)}{2(1 + c + c\theta^2)}$ と変形され，また $\dfrac{c(A\theta + a)}{2(1 + c + c\theta^2)}$ は θ の増加に伴って減少するので，

　θ が増加すると x は増加する

と結論づけられます。

1.7　分析結果の具象化

　以上の結論は $a > A$ であっても $a < A$ であっても成り立つので，日常言語化すると，「2つの財を生産している企業が，財1の生産よりも財2の生産に弱みを持っている場合，その弱みが悪化した際には，財2の市場に機会（好機）があろうとなかろうと，強みを活かして財1の生産を増加すべきである」となります。

2 花形製品 vs 金のなる木の最適戦略モデル分析

2.1 分析の課題

ボストン・マトリックスにおける「花形製品」と「金のなる木」を生産している企業について，どのように経営資源を配分するべきかについて分析します。

	高　←市場占有率→　低	
高　市場成長率　低	花形製品 （Star）	問題児 （Problem Children）
	金のなる木 （Cash Cow）	負け犬 （Dogs）

図5－1　ボストン・マトリックス

なお，花形製品（Star）とは，成長率および市場占有率がともに高い成長期の財・サービスであり，金のなる木（Cash Cow）とは，成長率は低いが市場占有率が高い成熟期の財・サービスです。

2.2 分析の枠組み

本節では，花形製品を，「努力次第で需要が増える財」，金のなる木を「努力と無関係に一定の価格で売れる財」と定義し，また，労働投入によって生産が行われるものとします。

　●ここでは労働から全てが生産されると仮定しています。

花形製品の生産については，製造と品質向上が異なる工程であり，また製造のための x 単位の労働，および品質向上のための y 単位の労働から，品質 y の製品が x 単位生産されるものとします。

以下では，企業には合計 L 単位の労働があり，その L 単位の労働を，花形製品生産，品質向上，金のなる木の生産に配分するものとします。また，

花形製品の生産・販売においては，価格 p および品質向上のための労働量 y を戦略変数とするものとします。

　●価格 p の代わりに販売量 x を戦略変数とすることも可能です。

2.3　数式化

花形製品への需要については，品質 y の製品を x 単位販売すると，価格 p は，a，b，φ を正の定数として，$p = a + \varphi\sqrt{y} - bx$ となるものとします。

　●「品質の改善によって需要関数の切片が増加する」として「品質の改善によって需要が増加する」ことを表現しています。

この時，花形製品の販売量を y と表すと，$x = \dfrac{1}{b}(a + \varphi\sqrt{y} - p)$ となります。

2.4　最適化問題としての定式化

「花形製品の生産からの利潤＋金のなる木の生産からの利潤」を企業の利潤 π と定義し，金のなる木の価格を q とすると，企業の利潤 π は，

$$\pi = px + q(L - x - y) = \frac{1}{b}(p - q)(a + \varphi\sqrt{y} - p) - qy + qL$$

と表されるので，この企業が解くべき問題は，

$$\text{Max } \pi = \frac{1}{b}(p - q)(a + \varphi\sqrt{y} - p) - qy + qL$$

with respect to y and p

となります。

2.5　解の導出

企業の利潤 π を最大にする p および y の条件は，

$\dfrac{\partial \pi}{\partial y} = 0$　より，$\dfrac{1}{b}(p - q)\varphi\dfrac{1}{2\sqrt{y}} - q = 0$

$\dfrac{\partial \pi}{\partial p} = 0$　より，$p = \dfrac{1}{2}(q + a + \varphi\sqrt{y})$

となります。

上の 2 式を y および p について解くことによって，π を最大にする p および y は，

$$y = \left(\frac{q - a}{\phi - \dfrac{4bq}{\phi}}\right)^2 = \left(\frac{a - q}{\dfrac{4bq}{\phi} - \phi}\right)^2$$

$$p = \frac{1}{2\left(\phi - \frac{4bq}{\phi}\right)}\left\{2\varphi q - \frac{4bq}{\phi}(q-a)\right\}$$

となります。

企業の利潤 π を最大にする x は，上で求めた y および p を，

$$x = \frac{1}{b}(a + \varphi\sqrt{y} - p)$$

に代入することにより，

$$x = \frac{\left(\phi + \frac{4bq}{\phi}\right)(a-q)}{2b\left(\frac{4bq}{\phi} - \phi\right)}$$

の水準に定まります。

2.6 解の性質の考察

したがって，まず，

① $\frac{4bq}{\phi} - \phi > 0$ かつ $a - q > 0$ の場合，つまり，$a > q > \frac{\phi^2}{4b}$ の場合には，

q が増加すると x および y が減少し，$L - (x+y)$ が増加する。

が得られ，また

$$x = \frac{\left(\phi + \frac{4bq}{\phi}\right)(q-a)}{2b\left(\phi - \frac{4bq}{\phi}\right)}$$ と書きかえることができるので，

② $\frac{4bq}{\phi} - \phi < 0$ かつ $a - q < 0$ の場合，つまり，$a < q < \frac{\phi^2}{4b}$ の場合には，

q が増加すると x および y が増加し，$L - (x+y)$ が減少する。

が得られます。

2.7 分析結果の具象化

この分析結果を日常言語に具象化すると，

① 花形製品への需要が多い（a が大きい），花形製品の価格弾力性が大きい（b が小さい），品質改善によって花形製品への需要があまり増加しない（ϕ が小さい）場合には，金のなる木の価格が増加すると花形製品の

生産量および品質が減少し，金のなる木の生産量が増加する
② 花形製品への需要が少ない（a が小さい），花形製品の価格弾力性が小さい（b が大きい），品質改善によって花形製品への需要が大きく増加する（ϕ が大きい）場合には，金のなる木の価格が増加すると花形製品の生産量および品質が増加し，金のなる木の生産量が減少する

となります。

3　AISASの最適戦略モデル分析

3.1　分析の課題

Attention（注目）⇒ Interest（関心）⇒ Search（検索）⇒ Action（消費）⇒ Share（情報共有）

AISASのプロセスにおいて，
① AttentionおよびInterestを惹起するための戦略（イベントを実施）
② 最終的にActionに導くための戦略（SearchおよびShareを行いやすい環境づくり）

の2つを行うものとし，その最適値を求めます。

3.2　分析の枠組み

イベントを行うと，当該の財・サービスに関心を持つ人数がクチコミ等によって増加しますが，他方で，時の経過とともに，徐々に関心が薄れていくものとします。目標時点は定まっており，現時点からT期後とします。また，SearchおよびShareを行いやすい環境を整えると，関心を持っている人のうちで実際に購入する確率が高まるものとし，その確率をPと表記します。また，1人あたりの購入数を1，価格を1と仮定します。

◯記号を増やさないための単純化の仮定です。

3.3　数式化

以上を踏まえ，イベント実施からt期後に当該の財・サービスについて関心を持つ人数Nを$N = at + b$と特定化します。イベントの規模を大きくするとaが増加し，またaを大きくするには多くの費用がかかるものとします。以下ではaを実現するための費用を，cを正の定数としてca^2と特定化します。他方，確率Pを増加するには費用がかかるものとし，以下ではPを実現するための費用を，dを正の定数としてdP^2と特定化します。

3.4 最適化問題としての定式化

対象とする企業は a および P について最大化するので，最適化問題は，

$Max \ \pi = P(aT+b) - ca^2 - dP^2$

with respect to a and P

と定式化されます。

3.5 解の導出

利潤最大化条件は，

$$\frac{\partial \pi}{\partial a} = PT - 2ca = 0 \tag{1}$$

$$\frac{\partial \pi}{\partial P} = aT + b - 2dP = 0 \tag{2}$$

となります。

(1) 式より，$P = \frac{2ac}{T}$ が得られ，(2) 式に代入することにより，$a = \frac{bT}{4cd - T^2}$ が得られ，この a を $P = \frac{2ac}{T}$ に代入することにより，$P = \frac{2bc}{4cd - T^2}$ が得られます。

3.6 解の性質の考察

① c および d が増加すると a および P が減少する
② T が増加すると a および P が増加する

3.7 分析結果の具象化

分析結果を日常言語に具象化すると，次のようになります。

① Attention / Interest を獲得するための費用が増加する場合，あるいは Search / Share を促すための費用が増加する場合には，Attention / Interest を獲得するための活動および Search / Share を促すための活動が減少する
② 計画期間が長くなると Attention / Interest を獲得するための活動および Search / Share を促すための活動が増加する

4 ポジショニング戦略の最適戦略モデル分析

4.1 分析の課題
どのような層をターゲットとするべきか，また，競合相手がターゲットを変更した時にどのように反応するべきかについて考えます。

4.2 分析の枠組み
各顧客はその品質および価格の所望値 (q, p) によって特徴づけられ，$q>0$，$\bar{p}>p>0$ の範囲に1人ずつ一様に分布しているものとします。

　➲分析を簡素化するための仮定です。

顧客 i の品質および価格の所望値を (q_i, p_i) とする時，

① $(q_i, p) > (q_i, p_i)$ $\quad if \quad q < p_i$

　➲「品質 q_i の財を価格 p_i で購入したいと考えている顧客 i は，品質が q_i であって価格が p_i より安ければその財を購入する」という意味です。

② $(q, p_i) > (q_i, p_i)$ $\quad if \quad q < q_i$

　➲「品質 q_i の財を価格 p_i で購入したいと考えている顧客 i は，価格が p_i であって品質が q_i よりも高ければその財を購入する」という意味です。

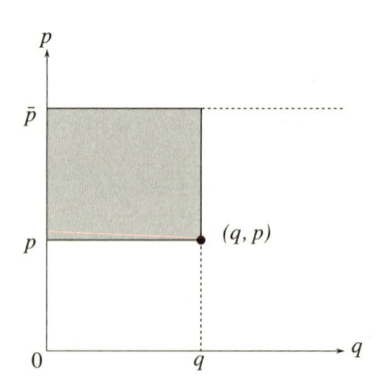

図5-2 購入する顧客層

が成立するものとします。これらの仮定は，仮に品質 q の財が価格 p で売られている場合には，図5-2のアミかけ部分の長方形で表される面積の顧客が購入することを意味しています。

この場合は，解くべき問題が，

Max $\pi = px - cq^2 - dx$

with respect to p and q

subject to $x = (\bar{p} - p)q$

となり，制約条件を代入すると，

Max $\pi = p(\bar{p} - p)q - cq^2 - d(\bar{p} - p)q$

に帰着します（第1章4参照）。

この場合の最適化条件は，

$\frac{\partial \pi}{\partial p} = (\bar{p} - 2p)q + dq = 0$

$\frac{\partial \pi}{\partial q} = p(\bar{p} - p) - 2cq - d(\bar{p} - p) = 0$

であり，これらの2式より，

$$p = \frac{\bar{p} + d}{2} \tag{1}$$

$$q = \frac{(\bar{p} - d)^2}{8c} \tag{2}$$

が得られます。

CASE 1 では相手企業が自分よりも低価格・低品質の場合，CASE 2 では相手企業が自分よりも高価格・高品質の場合について分析し，また，それぞれの場合において，生産については限界費用一定を仮定し，品質については費用逓増を仮定します。

相手企業が設定する価格および品質を p^*, q^* と表記し，また相手企業の顧客と自分の顧客が重なる場合には，必ず相手企業に顧客を奪われると仮定します。

　●分析を簡素にするための仮定です。

このとき CASE 1 および CASE 2 における顧客は，それぞれ図5-3a, b におけるアミかけ部分（長方形）となり，それぞれの面積は，$(\bar{p} - p)(q - q^*)$ および $(p^* - p)q$ となります。

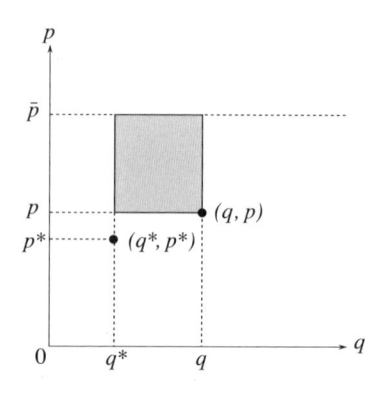

図5-3a　相手企業が自分よりも低価格・低品質の場合

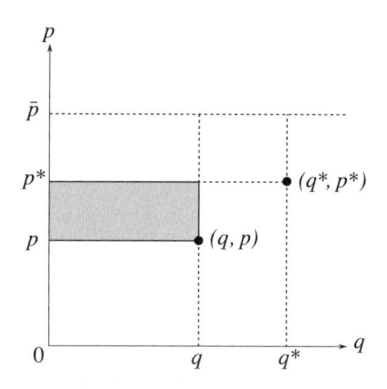

図5-3b　相手企業が自分よりも高価格・高品質の場合

4.3　数式化

　財生産については，生産量が x の時，限界費用が増加する場合には dx^2 の費用がかかり，限界費用が一定の場合には dx の費用がかかるものとします。品質については，品質を q にするには cq^2 の費用がかかるものとします。

4.4 最適化問題としての定式化

以下の2つの場合に分けて定式化します。

CASE 1 相手企業が自分よりも低価格・低品質の場合

この場合は，解くべき問題が，

$Max \ \pi = px - cq^2 - dx$

with respect to p and q

subject to $x = (\overline{p} - p)(q - q*)$

となり，制約条件を代入すると，

$Max \ \pi = p(\overline{p} - p)(q - q*) - cq^2 - d(\overline{p} - p)(q - q*)$

with respect to p and q

に帰着します。

CASE 2 相手企業が自分よりも高価格・高品質の場合

この場合は，解くべき問題が，

$Max \ \pi = px - cq^2 - dx$

with respect to p and q

subject to $x = (p* - p)q$

となり，制約条件を代入すると，

$Max \ \pi = p(p* - p)q - cq^2 - d(p* - p)q$

with respect to p and q

に帰着します。

4.5 解の導出

2つの場合それぞれについて解を導出すると，以下のようになります．

CASE 1 相手企業が自分よりも低価格・低品質の場合

この場合の最適化条件は，
$$\frac{\partial \pi}{\partial p} = (\bar{p} - 2p)(q - q^*) + d(q - q^*) = 0$$
$$\frac{\partial \pi}{\partial q} = p(\bar{p} - p) - 2cq - d(\bar{p} - p) = 0$$
であり，これらの2式より，
$$p = \frac{\bar{p} + d}{2}$$
$$q = \frac{(\bar{p} - d)^2}{8c}$$
が得られます．

これらは (1) および (2) と一致しています．

CASE 2 相手企業が自分よりも高価格・高品質の場合

この場合の最適化条件は，
$$\frac{\partial \pi}{\partial p} = (p^* - 2p)q + dq = 0$$
$$\frac{\partial \pi}{\partial q} = p(p^* - p) - 2cq - d(p^* - p) = 0$$
であり，これらの2式より，
$$p = \frac{p^* + d}{2}$$
$$q = \frac{(p^* - d)^2}{8c}$$
が得られます．

$p^* < \bar{p}$ であるので，これらは (1) および (2) より小さくなります．

4.6 解の性質の考察

相手企業が存在しない（参入する以前の）場合との比較および比較静学を行うと，以下のようになります。

CASE 1　相手企業が自分よりも低価格・低品質の場合
① 相手企業が参入しても，自社にとって最適な p および q は変化しない。
② p^* が低下しても q^* が上昇しても，自社にとって最適な p および q は変化しない。

CASE 2　相手企業が自分よりも高価格・高品質の場合
① 相手企業が参入すると，自社にとって最適な p および q が低下する。
② p^* が低下した場合には，自社にとって最適な p および q が低下する。
③ q^* が上昇しても，自社にとって最適な p および q は変化しない。

4.7 分析結果の具象化

以上の分析結果を日常言語に具象化すると，以下のようになります。

CASE 1　相手企業が自分よりも低価格・低品質の場合
相手企業が参入しても，また相手企業が価格を下げても品質を上げても，自社の最適戦略は変わらない。

CASE 2　相手企業が自分よりも高価格・高品質の場合
① 相手企業の参入に際し，自社は価格および品質を下げるべきである。
② 相手企業が価格を下げた場合には，自社は価格および品質を下げるべきである。
③ 相手企業が品質を上げても，自社の最適戦略は変わらない。

第6章

競争市場下の最適戦略モデル分析

第5章に続いて，経営戦略について分析します。
　本章は経済学からのアプローチであり，ミクロ経済理論を応用して経営戦略分析を行います。

1 反撃の最適戦略モデル分析

1.1 分析の課題

ディキシット（Avinash Kamalakar Dixit, 1944〜）とネイルバフ（Barry Nalebuff, 1958〜）はその著『戦略的思考とは何か』（*Thinking Srategically*）において，次のように述べています。

> きこりの決定と陸軍大将の決定との違いを考えてみよう。きこりが木の切り方を決めるとき，木の反撃を予測する必要はない。環境は彼の決定に対して中立である。ところが，陸軍大将が敵軍を攻撃しようとするとき，彼は敵の反撃を予測し，それを克服するところまで考えなければならない。

本節では，相手の反撃を考慮に入れた場合にクールノー均衡がどのように変化するのかについて分析します。

1.2 分析の枠組み

2つの企業（企業1，企業2）の戦略的連関を分析対象とし，企業1および企業2の生産量を，それぞれ，x, yと表記し，それぞれの限界費用をcとします。企業1は，反撃として，企業2の生産量のうちXの量を購入させないようにするものとし，その際にはdX^2の費用がかかるものとします。企業2についても同様に，反撃として，企業1の生産量のうちYの量を購入させないようにするものとし，その際にはdY^2の費用がかかるものとします。

1.3 数式化

総供給量がZの時，価格Pはa, bを正の定数として$P = a - bZ$の水準に定まるものとします。

1.4 最適化問題としての定式化

以上の設定の下で，企業1の利潤 π_1 および企業2の利潤 π_2 を式で表すと，次のようになります。

$\pi_1 = P(x-Y) - cx - dX = \{a - b(x+y-X-Y)\}(x-Y) - cx - dX^2$

$\pi_2 = P(y-X) - cy - dY = \{a - b(x+y-X-Y)\}(y-X) - cy - dY^2$

企業1および企業2の解くべき問題は，それぞれ次のようになります。

Max $\pi_1 = \{a - b(x+y-X-Y)\}(x-Y) - cx - dX^2$

with respect to x and X

Max $\pi_2 = \{a - b(x+y-X-Y)\}(y-X) - cy - dY^2$

with respect to y and Y

1.5 解の導出

したがって，利潤最大化条件は，企業1については，

$\frac{\partial \pi_1}{\partial x} = 0$ より，$a - b(2x+y-X-2Y) - c = 0$

$\frac{\partial \pi_1}{\partial X} = 0$ より，$b(x-Y) - 2dX = 0$

となり，企業2については，

$\frac{\partial \pi_2}{\partial y} = 0$ より，$a - b(x+2y-2X-Y) - c = 0$

$\frac{\partial \pi_2}{\partial Y} = 0$ より，$b(y-X) - 2dY = 0$

となります。x, X, y, Y を求めるためにこれらの式を変形すると，

$a - \{4dX + b(y-X)\} - c = 0$

$a - (4dX + 2dY) - c = 0$

となり，したがって，$X = Y = \frac{a-c}{6d}$ が得られます。

この式を，$b(x-Y) - 2dX = 0$ に代入して整理することにより，

$x = Y + \frac{2dX}{b} = \frac{a-c}{6d} + \frac{a-c}{3b} = \frac{(b+2d)(a-c)}{6bd}$

が得られるので，

各企業の生産量は，$x = y = \frac{(b+2d)(a-c)}{6bd}$

各企業の反撃量は，$X = Y = \frac{a-c}{6d}$

各企業の販売量は，$x - Y = y - X = \dfrac{a-c}{3b}$
となります。

1.6 解の性質の考察

比較静学を行うと，

① c が増加すると x, y, X, Y は低下し，また $(x-X)$ および $(y-Y)$ も低下する

② d が増加すると x および y は増加し，X および Y は低下するが，$(x-X)$ および $(y-Y)$ は変化しない

となり，通常のクールノー均衡，すなわち各企業が，

$Max\ \pi_1 = \{a - b(x+y)\}x - cx$

with respect to x

$Max\ \pi_2 = \{a - b(x+y)\}y - cy$

with respect to y

という最適化問題を解く場合と比べると，

③ $(x-X)$ および $(y-Y)$ は通常のクールノー均衡生産量と等しい

が得られます。

1.7 分析結果の具象化

以上を日常言語に具象化すると，

① 生産のための費用が増加すると，各生産および反撃活動，販売量が低下する

② 反撃のための費用が増加すると，各生産量は増加し，反撃活動は低下するが，販売量は変化しない

③ 反撃の結果としての販売量は，反撃のない通常のクールノー均衡における量と等しい

となります。

2　フリーペーパー化の最適戦略モデル分析

2.1　分析の課題
雑誌社が自分の雑誌をフリーペーパー化する条件について分析します。

2.2　分析の枠組み
　企業と雑誌社とを分析対象とし，雑誌社は雑誌を販売し，企業はその雑誌に広告を掲載するものとします。雑誌の販売量と財の販売量が連動しているものとし，さらに，雑誌が1冊売れると財も1つ売れるものと仮定します。
　○単純化の仮定です。
　決める変数および手番については，
　第1段階：企業が雑誌の販売量を所与として広告単価を決め
　第2段階：雑誌社が広告単価を所与として販売量を決める
とします。
　○この設定は，「2段階ゲーム」となっています。
　財の販売単価および限界費用はそれぞれ p および c で一定とし，また，広告単価を Q，財の販売量を x と表記します。他方，雑誌の販売量を y，雑誌価格を q，雑誌生産の限界費用を d とし，雑誌の需要関数を $q = a - by$ と特定化します。

2.3　数式化
　以上の設定において，企業の利潤および雑誌社の利潤は，それぞれ，
$$\Pi = px - cx - Qx$$
$$\pi = (a - by)y - dy + Qx$$
となります。
　「雑誌が1冊売れると財も1つ売れる」という本節での仮定より，$x = y$ が成立するので，雑誌社の利潤は，
$$\pi = (a - by)y - dy + Qy$$

となります。

2.4 最適化問題としての定式化

まず，第2段階における雑誌社の最適化問題は，

$Max\ \pi = (a - by)y - dy + Qy$

with respect to y

と定式化されます。

企業は，この問題の解として定まる y を所与として利潤最大化を図ることとなるので，雑誌社の最適化問題の解を $y*(Q)$ とおくと，企業の最適化問題は，

$Max\ \Pi = (p - c - Q)y*(Q)$

with respect to Q

と定式化されます。

2.5 解の導出

雑誌社の利潤最大化条件は，

$\dfrac{d\pi}{dy} = a - 2by - d + Q = 0$

であり，この式を y について解くことにより，

$y = \dfrac{a - d + Q}{2b}$

が得られます。

$x = y$ であることを考慮に入れて，この式を企業の利潤式に代入すると，

$\Pi = px - cx - Qx = (p - c - Q)\dfrac{a - d + Q}{2b}$

となります。

企業の利潤最大化条件 $\dfrac{d\Pi}{dQ} = 0$ より，$Q = \dfrac{1}{2}(p - c - a + d)$ が得られ，これを，$y = \dfrac{a - d + Q}{2b}$ に代入することにより，

$y = \dfrac{1}{2b}\{a - d + \dfrac{1}{2}(p - c - a + d)\} = \dfrac{1}{4b}(p - c + a - d)$

が得られます。したがって，雑誌の価格 q は，

$$q = a - by = a - \frac{1}{4}(p - c + a - d) = \frac{1}{4}(3a - p + c + d)$$

となり，$p \geq 3a + c + d$ の時に $q = 0$ となることが分かります（数学上は $q \leq 0$ ですが，経済学上は負の価格はないので，$q = 0$ となります）。

また，広告料（＝広告単価×販売量）を求めると，

$$Qx = \frac{1}{8}(p - c - a + d)(3a - p + c + d)$$

となるので，この式を p で微分してゼロとおくことにより，$p = 2a + c$ の時に最大値をとることが分かります。

2.6 解の性質の考察

p が大きい場合，あるいは a, c, d が小さい場合には $q = 0$ となる可能性が大きくなる，と結論づけられます。

2.7 分析結果の具象化

「広告の対象となる財の価格が高い場合，雑誌への需要が少ない場合，財生産の費用が安い場合，雑誌生産の費用が安い場合には，雑誌価格がゼロとなって雑誌がフリーペーパー化する可能性が大きくなる」と日常言語に具象化することができます。

Extention 1 価格を戦略変数とする場合への拡張

雑誌社が決める変数を雑誌の価格とすると，

第1段階：企業が雑誌の販売量を所与として広告単価を決め

第2段階：雑誌社が広告単価を所与として雑誌価格を決める

となり，企業の利潤および雑誌社の利潤は，それぞれ，

$$\Pi = px - cx - Qx$$
$$\pi = (q - d)\frac{a - q}{b} + Qx$$

となります。

「雑誌が1冊売れると財も1つ売れる」という本節での仮定より，$x = y$ が成立するので，雑誌社の利潤は，

$$\pi = (q - d + Q)\frac{a - q}{b}$$

となり，雑誌社の最適化問題は，

$$Max\ \pi = (q - d + Q)\frac{a - q}{b}$$
with respect to q

と定式化されます。

　企業は，この問題を解くことによって定まる q の下で定まる y を所与として利潤最大化を図ることとなるので，雑誌社の最適化問題の解の下で定まる y を y^* とおくと，企業の最適化問題は，

$$Max\ \Pi = (p - c - Q)y^*$$
with respect to Q

と定式化されます。

　まず，雑誌社の利潤最大化条件は，$\frac{d\pi}{dq} = 0$ であり，この条件より，$q = \frac{a + d - Q}{2}$ が得られ，この q を $y = \frac{a - q}{b}$ に代入することにより，
$$y = \frac{a - d + Q}{2b}$$
が得られます。

　$x = y$ であることを考慮に入れて，この式を企業の利潤式に代入すると，
$$\Pi = px - cx - Qx = (p - c - Q)\frac{a - d + Q}{2b}$$
となります。以下は雑誌社が販売量を決める上述の場合と同じになります。

Extention 2 無料の効果を考慮する場合への拡張

① 1つ15セントのリンツのチョコ・トリュフと1つ1セントのハーシーのキス・チョコレートを自由に購入してもらったところ，73％がトリュフを選択

② しかし，それぞれを1セントずつ値下げして，ハーシーのキス・チョコレートを無料にしたところ，トリュフを選択する割合が31％にまで減少

という有名な実験結果が物語るように，無料には強力な魅力があると言われていますが，このような無料の持つ効果を考慮に入れてモデルを拡張することもできます。

　●詳しくは，ダン・アリエリー『予想どおりに不合理』（早川書房，2008年）

を参照して下さい。

すなわち，$q=0$ の時には $y=\dfrac{a-q}{b}$ に $q=0$ を代入した $y=\dfrac{a}{b}$ ではなくて，その θ 倍（ただし $\theta>1$）になるものとすると，$q=0$ の時の雑誌社の利潤は，

$$\Pi = \dfrac{\theta a}{b}(p-c-Q)$$

となります。

他方，$q>0$ の時の利潤の最大値は $\Pi=\dfrac{1}{8b}(p-c+a-d)^2$ であるので，$q=0$ となる条件は，

$\dfrac{1}{8b}(p-c+a-d)^2 < \dfrac{\theta a}{b}(p-c-Q)$　すなわち，

$(p-c+a-d)^2 < 8\theta a(p-c-Q)$

となります。

3 系列の最適戦略モデル分析

3.1 分析の課題

現在,多くの企業が低賃金国へ生産拠点を移していますが,本節では,国内での生産を維持するべきか,低賃金国へ生産拠点を移すべきかについて分析します。

3.2 分析の枠組み

中間財生産者と最終財生産者からなる経済を想定し,1個の部品から1個の最終生産物ができると仮定します。

> ◯ n 個の部品から1個の最終生産物ができると仮定することもできますが,ここでは,単純化のため,1個の部品から1個の最終生産物ができると仮定しています。

CASE 1 では,最終財生産者が中間財生産部門を抱えて国内に存在する場合について考え,**CASE 2** では,最終財生産者が国内の中間財生産部門を切り離して低賃金国へ移転する場合について考えます。**CASE 2** においては,最終財生産者が現地の中間財生産者に対して独占力を持つものとし,

第1段階:最終財生産者が中間財価格を決定する

第2段階:現地の中間財生産者が生産量を決定する

とモデル化します。

> ◯ この設定は,「2段階ゲーム」となっています。

また,**CASE 1** および **CASE 2** のどちらの場合においても,最終財生産者は最終財に関して独占者であるものとします。

3.3 数式化

中間財の生産量を x とする時,その生産にかかる費用を cx^2 とします。この時,中間財価格を q とすると,中間財生産者の利潤 Π は,

$\Pi = qx - cx^2$

となります。

　他方，最終財生産にかかる費用は中間財購入のための支出のみであると単純化し，最終生産物の価格を p とすると，最終財生産者の利潤 π は，

$\pi = px - qx$

となります。

　ここで，最終財生産者が最終財に関して独占者であるという仮定より，需要関数を $p = a - bx$ と特定化すると，最終財生産者の利潤 π は，

$\pi = (a - bx)x - qx$

となります。

3.4　最適化問題としての定式化

CASE 1　最終財生産者が中間財生産部門を抱えて国内に存在する場合

$Max\ \pi + \Pi = (a - bx)x - cx^2$

with respect to x

CASE 2　最終財生産者が中間財生産部門を切り離して低賃金国へ移転する場合

　まず，第2段階における中間財生産者の最適化問題は，

$Max\ \Pi = qx - dx^2$

with respect to x

となります。

　最終財生産者が独占力を持っているため，中間財生産者の供給関数を読み取って生産量を決定することとなるので，最終財生産者の利潤関数，

$\pi = (a - bx)x - qx$

に第2段階の解 $x^*(q)$ を代入することにより，

$\pi = (a - bx^*(q))x^*(q) - qx^*(q)$

となるので，最終財生産者の解くべき問題は，

$Max\ \pi = (a - bx^*(q))x^*(q) - qx^*(q)$

with respect to q

となります。

3.5 解の導出

CASE 1 最終財生産者が中間財生産部門を抱えて国内に存在する場合

この場合，最終財生産者は最終財生産と中間財生産の利潤の総和を最大化するように行動するものとします。

この時，統合された利潤関数は，

$$\pi + \Pi = (a - bx)x - cx^2$$

と表され，$\pi + \Pi$ を V と定義すると，利潤最大化条件は，

$$\frac{dV}{dx} = a - 2bx - 2cx = 0$$

となり，この式を x について解くことによって，生産量が $x = \frac{a}{2(b+c)}$ となり，この x を V に代入することにより，V の最大値が $\frac{a^2}{4(b+c)}$ となります。

また，消費者余剰は $\frac{bx^2}{2}$ であるので，この式に利潤を最大化する生産量 x を代入すると，現地生産した場合の消費者余剰 cs_a は，

$$cs_a = \frac{b}{2}\left(\frac{a}{2b+2d}\right)^2 = \frac{a^2 b}{8(b+d)^2}$$

CASE 2 最終財生産者が中間財生産部門を切り離して低賃金国へ移転する場合

次に，最終財生産者が低賃金国へ移転して現地の中間財生産者から部品を購入する場合について考えます。

低賃金国の中間財生産者については，中間財の生産量を x とする時，その生産にかかる費用を dx^2（ただし，$c>d$）とします。

この時，中間財生産者の利潤関数は，

$$\Pi = qx - dx^2$$

と表され，利潤最大化条件は，

$$\frac{d\Pi}{dx} = q - 2dx = 0$$

となり，$x^* = \frac{q}{2d}$ が得られます。

最終財生産者が独占力を持っているため，中間財生産者の供給関数を読み込んで生産量を決定します。よって，最終財生産者の利潤関数は，

$$\pi = (a - bx)x - qx$$

に $x^* = \dfrac{q}{2d}$ を代入することにより，

$$\pi = \left(a - \dfrac{bq}{2d}\right)\dfrac{q}{2d} - \dfrac{q^2}{2d}$$

となるので，最終財生産者の解くべき問題は，

$$\text{Max } \pi = \left(a - \dfrac{bq}{2d}\right)\dfrac{q}{2d} - \dfrac{q^2}{2d}$$

with respect to q

となります。

したがって，利潤最大化条件は，

$$\dfrac{d\pi}{dx} = \dfrac{a}{2d} - \dfrac{bq}{2d^2} - \dfrac{q}{d} = 0$$

となり，この式を q について解くことによって，$q = \dfrac{ad}{(b+2d)}$ が得られます。

この式を，$x^* = \dfrac{q}{2d}$ に代入することにより，生産量が $x = \dfrac{a}{2(b+2d)}$ の水準に定まり，この生産量を最終財生産者の利潤関数に代入することにより，$\pi = \dfrac{a^2}{4(b+2d)}$ が導かれます。

また，国内で生産した場合の消費者余剰 cs_j は，

$$cs_j = \dfrac{b}{2}\left(\dfrac{a}{2b+4c}\right)^2 = \dfrac{a^2 b}{8(b+2c)^2}$$

となります。

＜CASE 1 と CASE 2 の利潤の比較＞

ここで，利潤を比較すると，国内生産の利潤が高い条件は，

$$\dfrac{a^2}{4(b+2d)} < \dfrac{a^2}{4(b+c)} \quad \text{すなわち，} \quad \dfrac{d^2}{2(c-d)} > b$$

となるので，

分析結果 1：$\dfrac{d^2}{2(c-d)} > b$ が成立するならば，最終財生産者は国内で生産すべきである

が得られます。なお，以下では，臨界値を $b^* = \dfrac{d^2}{2(c-d)}$ と定義します。

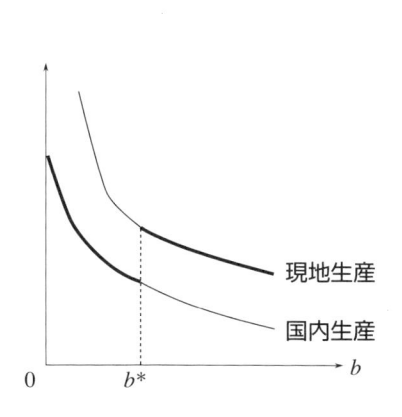

図6-1 b の増加と消費者余剰

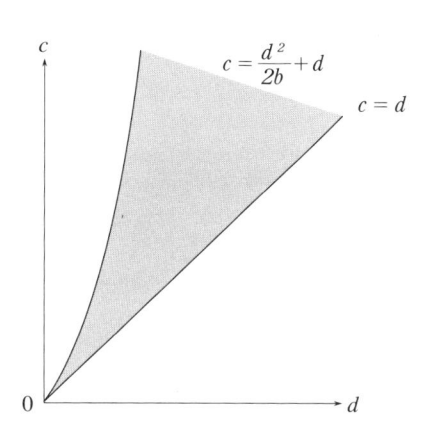

図6-2 b の増加によって消費者余剰が減少する領域

<CASE 1 と CASE 2 の消費者余剰の比較>

次に国内で生産した場合と，低賃金国で生産した場合の消費者余剰を比較します。

国内生産の方が費用がかかるという仮定（$c>d$）より，

$$\frac{a^2 b}{8(b+d)^2} > \frac{a^2 b}{8(b+2c)^2}$$

となります。

国内生産を行った場合と現地生産を行った場合の消費者余剰を，横軸を b としてグラフを描くと図6-1のようになります。

企業は b^* を境に，現地生産と国内生産を切り替えることとなるので，実現する消費者余剰は図6-1における太線部分となり，

分析結果2：b の増加に伴って消費者余剰は減少するが，$b^* = \dfrac{d^2}{2(c-d)}$ において不連続に増加する

が得られます。この領域は図6-2におけるアミかけ部分で示されます。

3.6 解の性質の考察

以上より，次の結果を導くことができます。

① $(c-d)$ が小さい，あるいは d が大きいならば，最終財生産者について，「国内に存在する場合の利潤＞低賃金国へ移転する場合の利潤」となる
② b が小さいならば，最終財生産者について，「国内に存在する場合の利潤＞低賃金国へ移転する場合の利潤」となる
③ 企業が海外に進出するかどうかは a の値とは無関係である

3.7 分析結果の具象化

この分析結果を日常言語に具象化すると，次のようになります。
① 国内と低賃金国との賃金格差が小さい，あるいは低賃金国の費用が高いならば，企業は国内で生産した方がよい
② 最終財価格の低下に伴う最終財需要の増加が大きいならば，企業は国内で生産した方がよい
③ 企業が海外に移転するかどうかは，最終財市場の規模とは無関係である

4 利益重視度を戦略変数とする寡占競争の最適戦略モデル分析

4.1 分析の課題

本節では，利潤重視度を戦略とする企業と利潤最大化を行動原則とする企業が併存する市場を分析対象とします。

4.2 分析の枠組み

市場には企業1と企業2の2社が存在し，企業1の生産量をx，企業2の生産量をy，両企業の限界費用をcとします。企業1は利潤重視度を戦略とする企業であり，企業2は通常の利潤最大化企業であるものとします。

企業1の利潤重視度をα（ただし，αは$0 \leq \alpha \leq 1$を満たす）とし，決定する変数の順番については，

第1段階：企業1が利益重視度αを決定し

第2段階：両企業がクールノー競争を行う

を仮定します。

⊃この設定は，「2段階ゲーム」となっています。

4.3 数式化

総生産量$x+y$と価格pは，a，bを正の定数とする，$p = a - b(x+y)$によって関係づけられるものとすると，各企業の利潤は，

$$\pi_1 = \alpha[\{a - b(x+y)\}x - cx] + (1-\alpha)\{a - b(x+y)\}x \tag{1}$$
$$\pi_2 = \{a - b(x+y)\}y - cy \tag{2}$$

となります。

たとえば$\alpha = 1$の時，企業1は通常の利潤最大化企業となり，$\alpha = 0$の時，企業1は費用を考慮に入れない企業ということになります。

4.4 最適化問題としての定式化

まず，第2段階の生産量を決定します。

その問題は，

$$Max\ \pi_1 = \alpha[\{a - b(x+y)\}x - cx] + (1-\alpha)\{a - b(x+y)\}x$$

with respect to x

$$Max\ \pi_2 = \{a - b(x+y)\}y - cy$$

with respect to y

と定式化され，この問題の解として定まる x および y を所与として第1段階で利潤最大化を図ることとなります。

したがって，第2段階での解を x^* および y^* とおくと，第1段階での最適化問題は，

$$Max\ \pi_1 = \alpha[\{a - b(x^*+y^*)\}x^* - cx^*] + (1-\alpha)\{a - b(x^*+y^*)\}x^*$$

with respect to α

と定式化されます。

4.5 解の導出

＜各企業の生産量の最適値の導出＞

第2段階における企業1および企業2の利潤最大化条件は，それぞれ，$\frac{\partial \pi_1}{\partial x} = 0$ および $\frac{\partial \pi_2}{\partial y} = 0$ であるので，

$$\frac{\partial \pi_1}{\partial x} = a - 2bx - by - \alpha c = 0 \tag{3}$$

$$\frac{\partial \pi_2}{\partial y} = a - (x+2y)b - c = 0 \tag{4}$$

となり，(3) 式および (4) 式より，第2段階での企業1の生産量 x および企業2の生産量 y は，

$$x = \frac{a + (1-2\alpha)c}{3b} \tag{5}$$

$$y = \frac{a + (\alpha-2)c}{3b} \tag{6}$$

となります。

この時の企業1および企業2の利潤は，(5) 式および (6) 式を，(1) 式および (2) 式に代入することにより，

$$\pi_1 = \frac{\{a + (1-2\alpha)c\}\{a + (-3\alpha^2 + \alpha + 1)c\}}{9b} \tag{7}$$

$$\pi_2 = \frac{\{a+(\alpha-2)c\}^2}{9b} \tag{8}$$

となります。

＜利潤重視度 α の最適値の導出＞

次に，第1段階で企業1が利潤最大化を目的として決定する利潤重視度 α を定めます。企業1は（7）式で表される利潤を最大化するように利潤重視度 α を決定するので，企業1の利潤最大化条件 $\frac{d\pi_1}{d\alpha} = 0$ より，

$$18c^2\alpha^2 - (10c^2 + 6ac)\alpha - c^2 - ac = 0 \tag{9}$$

が得られ，この式を α について解くことにより最適値が，

$$\alpha = \frac{5c^2 + 3ac \pm \sqrt{(5c^2+3ac)^2 + 18c^2(c^2+ac)}}{18c^2}$$

となります。ここで，

$$5c^2 + 3ac - \sqrt{(5c^2+3ac)^2 + 18c^2(c^2+ac)}$$

は，負の値となり，前提条件 $0 \leq \alpha \leq 1$ を満たさないので解として不適となり，したがって，企業1の利潤を最大にする α は，

$$\alpha^* = \frac{5c^2 + 3ac + \sqrt{(5c^2+3ac)^2 + 18c^2(c^2+ac)}}{18c^2}$$

に定まります。

ここで，（9）式を変形すると，

$$18c^2\alpha^2 - (10c^2 + 6ac)\alpha = c^2 + ac \tag{10}$$

となります。（10）式より，$y_1 = 18c^2\alpha^2 - (10c^2+6ac)\alpha$ および $y_2 = c^2 + ac$ の2式は，図6-3のように表されるので，α の最適値は図6-3における α^* となります。

4.6 解の性質の考察

α^* について比較静学を行うと，図6-3より，

① c が上昇すれば α も上昇し，c が減少すれば α も下がる

② a が上昇すれば α も上昇し，a が減少すれば α も下がる

となります。

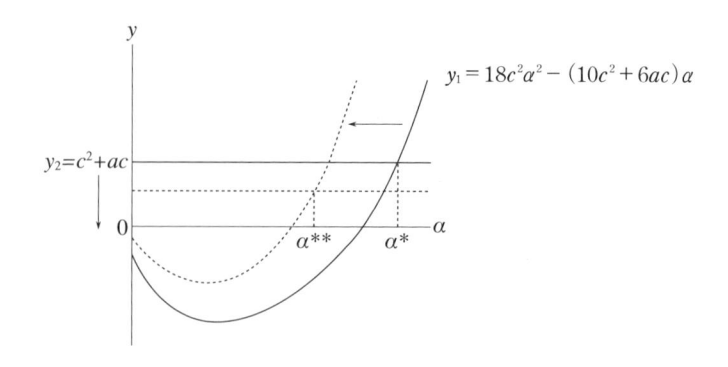

図6-3　αの決定と比較静学

4.7　分析結果の具象化

　以上の分析結果を日常言語に具象化すると，利潤重視度を戦略とする企業と利潤最大化を行動原則とする企業が併存する市場においては，利潤重視度を戦略とする企業は，

① 費用が増えると利潤重視度を上げてより費用が高いようにふるまうべきであり，費用が下がると利潤重視度を下げてより費用が低いようにふるまうべきである

② 市場が拡大すると利潤重視度を上げてより費用が高いようにふるまうべきであり，市場が縮小すると利潤重視度を下げてより費用が低いようにふるまうべきである

となります。

補章

動学分析との接合に向けて

本章では，応用として，新しい戦略の経済分析に向けて，最適停止理論やハミルトニアンを戦略分析に応用することを試みます。

　これまでの章においても時間を考慮に入れた分析を行ってきましたが，本章では，分析をさらに進め，「将来を割り引く」ことを明確にモデルに組み入れます。その際に重要な概念となるのが「ネイピア数と連続複利」です。

　仮に，1円を $r \times 100$（％）の利子率で複利（利息にもさらに利息がつくことを言います）の条件で銀行に預金すると，n 年後の元利合計は，$(1+r)^n$ になります。

　さらに，もし，銀行が半年ごとに（1年を $\frac{1}{2}$ に分割して）$\frac{r}{2}$ の利子率で複利の条件で利子をつけるならば，$\left(1+\frac{r}{2}\right)^{2n}$ となります。

　同様に考えて，$\frac{1}{3}$ 年，$\frac{1}{4}$ 年と分割する場合には，それぞれ，$\left(1+\frac{r}{3}\right)^{3n}$，$\left(1+\frac{r}{4}\right)^{4n}$ となります。

　そこで，無限に分割し，一瞬ごとに利子がつき，しかも複利とすると，$\lim_{m \to \infty}\left(1+\frac{r}{m}\right)^{mn}$ となります。

　➡ $\lim_{m \to \infty}$ とは m を ∞ に限りなく近づけるという意味です。

　このような状況を分析するためにはネイピア数を用いると便利です。ネイピア数とは，$\lim_{x \to 0}(1+x)^{\frac{1}{x}}$ と定義されるものであり，e と表記されます。

　➡ e は自然対数の「底」とも呼ばれます。

　e の具体的な値は $=2.7182818\cdots$ と無限に不規則に続く無理数です。

補　章　動学分析との接合に向けて

1　製品切替の最適戦略モデル分析

1.1　分析の課題
新製品に切り替える時期の最適値を求めます。

1.2　分析の枠組み
　時を経るにつれて価格が低下する状況を分析対象とします。旧製品の場合には，販売開始から i 期目であれば，$pe^{-\alpha i}$，新製品の場合には，販売開始から i 期目であれば，$p_N e^{-\beta(i-t)}$ となるものとします。ただし，p および p_N, α, β は正の定数であり，$p < p_N$ および $\alpha > \beta$ を満たすものとします。

　また，新製品へ転換するには，固定費用として K の費用がかかるものとします。

1.3　数式化
　上述の設定の下で，企業の i 期目の利潤は，旧製品を生産しているならば，
$$pe^{-\alpha i} y_i - c y_i^2$$
となり，新製品を生産しているならば，
$$p_N e^{-\beta(i-t)} y_i - c_N y_i^2$$
となります。両式ともに，第1項は収入，第2項は費用を表しています。

　i 期目の利潤は e^{-ri} をかけることによって現在価値に変換されるので，t 期目に転換を行う場合の利潤の現在価値の総和 V は，

$$V = \int_0^t e^{-ri}(pe^{-\alpha i} - c y_i^2)\,di + \int_t^\infty e^{-ri}(p_N e^{-\beta(i-t)} - c_N y_i^2)\,di - e^{-rt}K \tag{1}$$

と表現されます。第1項および第2項は，それぞれ，旧製品および新製品の生産期間における利潤の現在価値の総和であり，第3項は転換に伴う固定費用の現在価値です。

1.4 最適化問題としての定式化

対象とする企業は，利潤の現在価値の総和を最大化するように各期の供給量および転換期 t を決定するものとすると，企業が解くべき問題は，

$$Max\ V = \int_0^t e^{-ri}(pe^{-\alpha i} - cy_i^2)di + \int_t^\infty e^{-ri}(p_N e^{-\beta(i-t)} - c_N y_i^2)di - e^{-rt}K$$

with respect to y_i and t

1.5 解の導出

y_i の最適値においては $\frac{\partial \pi}{\partial y_i} = 0$ が成立し，旧製品を生産している期間については，

$pe^{-\alpha i} - 2cy_i = 0$　より，

$$y_i = \frac{p}{2ce^{\alpha i}} \quad (2)$$

が得られ，新製品を生産している期間については，

$p_N e^{-\beta(i-t)} - 2c_N y_i = 0$　より，

$$y_i = \frac{p}{2c_N e^{\beta(i-t)}} \quad (3)$$

が得られます。

(2) 式および (3) 式を (1) 式に代入することにより，各期の供給量が利潤最大化水準にある場合の利潤の現在価値の総和は，

$$\int_0^t e^{-rt} \frac{p^2}{4ce^{2\alpha i}}di + \int_t^\infty e^{-rt} \frac{p^2}{4c_N e^{2\beta(i-t)}}di - e^{-rt}K$$

$$= \frac{p^2}{4c} \int_0^t e^{-(r+2\alpha)t}di + \frac{p_N^2}{4c_N} \int_t^\infty e^{-(r+2\beta)t + 2\beta t}di - e^{-rt}F$$

$$= \frac{p^2}{4c} \left[-\frac{1}{r+2\alpha} e^{-(r+2\alpha)t} \right]_0^t + \frac{p_N^2}{4c_N} \left[-\frac{1}{r+2\beta} e^{-(r+2\beta)t + 2\beta t} \right]_t^\infty - e^{-rt}K$$

$$= \frac{p^2}{4c} \left\{ -\frac{1}{r+2\alpha} (e^{-(r+2\alpha)t} - 1) \right\} + \frac{p_N^2}{4c_N} \left\{ -\frac{1}{r+2\beta} (0 - e^{-rt}) \right\} - e^{-rt}F$$

$$= \frac{p^2}{4c} \left\{ -\frac{1}{r+2\alpha} (e^{-(r+2\alpha)t} - 1) \right\} + \frac{p_N^2}{4c_N} e^{-rt} - e^{-rt}K$$

と表現されます。

転換期 t の最適値を求めるには，この式を t で微分してゼロとおけばよいので，t の最適値においては，

$$\frac{p^2}{4c}e^{-(r+2\alpha)t} - \frac{p_N{}^2}{4c_N}\frac{r}{r+2\beta}e^{-rt} + re^{-rt}K = 0$$

すなわち，

$$\frac{p^2}{4d_C}e^{-2\alpha t} - \frac{p_N{}^2}{4d_N}\frac{r}{r+2\beta} + rK = 0$$

が成立し，この式より，t の最適値は，

$$t = \frac{1}{2\alpha}\left\{2\log p - \log 4dc - \log\left(\frac{p_N{}^2}{4d_N}\frac{r}{r+2\beta} - rK\right)\right\}$$

の水準に定まります。

1.6 解の性質の考察

p が大きい場合，α が小さい場合，β が大きい場合等には t が大きいと言えます。

1.7 分析結果の具象化

以上を日常言語に具象化すると，「旧製品の価格の初期値が高く，旧製品の売り上げの減少率が小さい場合，あるいは新製品の売り上げの減少率が大きい場合等には転換時期が遅い」となります。

2 確率変動下の製品切替の最適戦略モデル分析

2.1 分析の課題
本章1での分析を拡張し,最適停止理論に基づいて,利潤が確率的に変動する状況において新製品に切り替える時期の最適値を求めます。

2.2 分析の枠組み
0期から無限の将来に向かって連続的に時間が推移する状況において,新製品への切替を計画している企業を分析対象とします。当該企業の目的については,期待利潤の現在割引価値の総和の最大化と仮定し,割引率をρとします。

2.3 数式化
利潤が以下の確率過程に従って減少するものとします。

$$d\Pi = -\mu\Pi dt + \sigma\Pi dZ \tag{1}$$

ここで,μ,σ,dZ は,それぞれ,平均,分散,ウィナー過程を表しています。

旧製品からの利潤がΠ^*にまで減少した時に新製品を投入し,その時の新製品からの最初の利潤はπ_0となり,その後は(1)式に従って減少するものとします。当該企業は新製品からの利潤がπ^*にまで減少した時に新製品を撤退させるものとします。

準備として,$e^{-(\mu+\rho)T}$ の期待値を G と表記すると,G の一般解は,A および B を後に定まる定数,$\alpha_1(<0)$ および $\alpha_2(>0)$ を $\frac{1}{2}\sigma^2 x(x-1) - \mu x - \rho = 0$ の解として,$G = A^{\alpha_1} + B^{\alpha_2}$ と表現されます。G は境界条件 $G(\infty) = 0$ および $G(\Pi_0) = 1$ を満たすので,$A = \left(\frac{1}{\Pi^*}\right)^{\alpha_1}$ および $B = 0$ が得られます。したがって,$G(g\Pi_0) = \left(\frac{\Pi_0}{\Pi^*}\right)^{\alpha_1}$ が得られ,$-\alpha_1$ を α と表記することにより,

補　章　動学分析との接合に向けて

$$G = \left(\frac{\Pi^*}{\Pi_0}\right)^{\alpha} \tag{2}$$

が導かれます。ここで，$F(x) = \frac{1}{2}\sigma^2 x(x-1) - \mu x$，$f(x) = \rho$ と定義すると，両者は図 7-1 のように 2 点で交差し，α はそのうちの負の値である α_1 の絶対値として定まります。

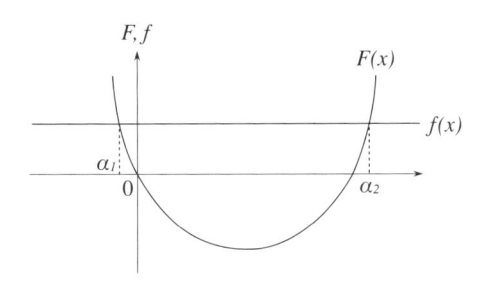

図 7-1　α_1 および α_2 の決定

製品が新製品である時の利潤の現在価値の総和を t 期で評価した値を N とすると，$N = \int_0^t e^{-\rho t}\Pi(t)dt$ となり，(2) 式を用いることにより，

$$N = \frac{1}{\mu + \rho}\left\{\Pi_0 - \left(\frac{\Pi^*}{\Pi_0}\right)^{\alpha}\Pi^*\right\} \tag{3}$$

が得られます。

同様に，製品が旧製品になってからの利潤の現在価値の総和を t 期で評価した値を O とすると，$O = \int_t^{\infty} e^{-\rho t}\pi(t)dt$ となり，(2) 式を用いることにより，

$$O = \frac{1}{\mu + \rho}\left\{\pi_0 - \left(\frac{\pi^*}{\pi_0}\right)^{\alpha}\pi^*\right\} \tag{4}$$

が得られます。

2.4　最適化問題としての定式化

したがって，利潤の現在割引価値の総和は，

$$V(\Pi^*, \pi^*) = \frac{1}{\mu + \rho}\left\{\Pi_0 - \left(\frac{\Pi^*}{\Pi_0}\right)^{\alpha}\Pi^*\right\} + \left(\frac{\Pi^*}{\Pi_0}\right)^{\alpha}$$

$$\left[\frac{1}{\mu+\rho}\left\{\pi_0-\left(\frac{\pi*}{\pi_0}\right)^\alpha \pi*\right\}-K\right] \tag{5}$$

となるので，解くべき問題は，

$$Max\ V(\Pi*,\pi*) = \frac{1}{\mu+\rho}\left\{\Pi_0-\left(\frac{\Pi*}{\Pi_0}\right)^\alpha \Pi*\right\}$$
$$+\left(\frac{\Pi*}{\Pi_0}\right)^\alpha\left[\frac{1}{\mu+\rho}\left\{\pi_0-\left(\frac{\pi*}{\pi_0}\right)^\alpha \pi*\right\}-K\right]$$

with respect to $\Pi*$ and $\pi*$

となります。

2.5 解の導出

$V(\Pi*,\pi*)$ をまず $\pi*$ で偏微分すると，$\frac{\partial V}{\partial \pi*}<0$ が得られ，$\pi*=0$ が導かれます。この $\pi*=0$ を (5) 式に代入すると，

$$V(\Pi*,\pi*) = \frac{1}{\mu+\rho}\left\{\Pi_0-\left(\frac{\Pi*}{\Pi_0}\right)^\alpha \Pi*\right\} + \left(\frac{\Pi*}{\Pi_0}\right)^\alpha\left(\frac{1}{\mu+\rho}\pi_0-K\right)$$

となり，$\Pi*$ で偏微分してゼロとおくことにより，$\Pi*$ が満たすべき条件が，

$$-\alpha + \Pi*\{\pi_0-(\mu+\rho)K\} = 0$$

に帰着し，この式を満たす値として $\Pi*$ の最適値は，

$$\Pi* = \frac{\alpha}{\pi_0-(\mu+\rho)K}$$

となります。

2.6 解の性質の考察

α の定義より，σ が大きい場合と μ が小さい場合には α が小さくなることが分かるので，

$\Pi* = \frac{\alpha}{\pi_0-(\mu+\rho)K}$ より，$\Pi*$ が小さくなるのが以下の場合であることが分かります。

① σ が大きい
② μ が小さい
③ π_0 が大きい
④ ρ が小さい
⑤ K が小さい

2.7 分析結果の具象化

「Π^*が小さい」は転換時期が遅いことを意味するので，①不確実性が大きい場合，②旧製品の利潤の低下が遅い場合，③新製品の利潤の初期値が大きい場合，④将来の重要性が低い場合，⑤新製品への転換のための費用が少ない場合には新製品への転換時期が遅くなると言えます。

一般に，最適停止理論においては，不確実性が高まると「待つことの価値（value of waiting）」が高まることが分かっていますが，①の「不確実性が大きい場合に転換時期が遅い」という結論はこのことと整合的になっています。

Extention 突発的利潤減少を考慮に入れる場合への拡張

以下のような確率過程を仮定することにより，突発的利潤減少を考慮に入れることができます。

$$d\Pi = -\mu\Pi dt + \sigma\Pi dZ - \Pi dq$$

ここで，μ, σ, dZ, dq は，それぞれ，平均，分散，ウィナー過程，ポアソン過程を表しています。

ポアソン過程については，ある時点で，発生確率λのポアソン過程に従って利潤が$(1-\eta)$倍（ただし，ηは$0 \leq \eta \leq 1$を満たす定数）になるものと仮定します。以下では，発生確率λを競合他社が新製品開発に成功する確率と捉え，競合他社の新製品開発成功の際に自社製品の利潤が減少しやすいことをηが大きいと定義します。

この場合，$e^{-(\mu+\rho)T}$の期待値を$G(\Pi_0)$と表記すると，$G(\Pi_0)$の一般解は，AおよびBを後に定まる定数，$\alpha_1(<0)$および$\alpha_2(>0)$を$\frac{1}{2}\sigma^2 x(x-1) - \mu x - (\rho+\lambda) + \lambda(1-\eta)^x = 0$の解として，$G(\Pi_0) = A(\Pi_0)^{\alpha_1} + B(\Pi_0)^{\alpha_2}$と表現されます。

$G(\Pi_0)$は境界条件$G(\infty) = 0$および$G(\Pi_0) = 1$を満たすので，$A = \left(\frac{1}{\Pi_i^*}\right)^{\alpha_1}$および$B = 0$が得られます。したがって$G(g\Pi_0) = \left(\frac{\Pi_0}{\Pi^*}\right)^{\alpha_1}$が得られ，$-\alpha_1$を$\alpha$と表記することにより，

$$G(g\Pi_0) = \left(\frac{\Pi^*}{\Pi_0}\right)^\alpha$$

が導かれます。

ここで，$F(x) = \frac{1}{2}\sigma^2 x(x-1) - \mu x$, $f(x) = (\rho + \lambda) - \lambda(1-\eta)^x$ と定義すると，両者は図7-2のように2点で交差し，α はそのうちの負の値である α_1 の絶対値として定まります。

このようにして，突発的利潤減少を本節の分析に組み入れることが可能になります。

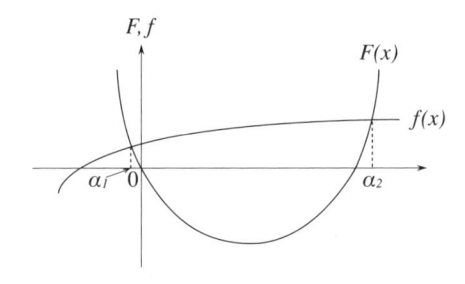

図7-2　α_1 および α_2 の決定

補　章　動学分析との接合に向けて

3　製品開発の最適戦略モデル分析

3.1　分析の課題
「知的資産の蓄積によって需要が増える財」と「知的資産の蓄積と無関係に一定の価格で売れる財」を生産している企業について，時間を通じてどのように知的資産を蓄積し，また，それら2財の生産量を変化させていくべきかについて分析します。

3.2　分析の枠組み
0期から無限の将来に向かって連続的に時間が推移する通時的経済において，「知的資産の蓄積によって需要が増える財」と「知的資産の蓄積と無関係に一定の価格で売れる財」を生産している企業を分析対象とします。生産要素は労働のみとし，その賦存量 L は期を通じて一定であるものとします。

以下では，第5章2と同様に，「知的資産の蓄積によって需要が増える財」を花形製品，「知的資産の蓄積と無関係に一定の価格で売れる財」を金のなる木と呼ぶこととします。

　➲したがって，本節の分析は第5章2の分析を動学版に拡張したことになります。

花形製品については，高品質であれば高価格で売れ，また，販売増加によって価格が低下するものと仮定します。

3.3　数式化
t 期の知的資産の蓄積水準が $A(t)$ の時には t 期の花形製品の品質が，φ を正の定数として，$\varphi\sqrt{A(t)}$ となるものとし，また，この花形製品について，t 期に $x(t)$ 単位の生産を行うと，価格は a，b を正の定数として，$q(t) = \varphi\sqrt{A(t)} + a - bx(t)$ の水準に定まるものと特定化します。この時，t 期の生産量 $x(t)$ は知的資産の蓄積水準 $A(t)$ と価格 $q(t)$ の関数として，

$$x(t) = \frac{1}{b}(a + \varphi\sqrt{A(t)} - q(t))$$

と表現されます。生産 1 単位あたり 1 単位の労働が必要であるものと特定化し，この労働への単位あたり対価を d とします。

知的資産の蓄積については，y の労働投入により，θ を正の定数として $\theta\sqrt{y}$ の知的資産が追加され，また，知的資産のうち δ の割合が毎期減耗するものと仮定します。この時，知的資産の蓄積に関する動学方程式は，
$$\frac{dA}{dt} = \theta\sqrt{y} - \delta A$$
となります。この労働への単位あたり対価を e とすると，花形製品の生産からの t 期の利潤は，
$$qx - dx - ey = (q-d)x - ey = \frac{1}{b}(q-d)(a + \varphi\sqrt{A} - q) - ey$$
となります。

他方，金のなる木の生産は，生産 1 単位あたり 1 単位の労働が必要であるものとし，この労働への単位あたり対価を c とすると，t 期における瞬時的利益 $\pi(t)$ は，花形製品からの利潤と金のなる木からの利潤の和として，
$$qx - dx - ey + (p-c)(L - x - y)$$
$$= \frac{1}{b}\{q - d - (p-c)\}(a + \varphi\sqrt{A} - q) - ey + (p-c)(L-y)$$
となります。この式において，内生変数は q および y，A となっています。

ここで，時の経過につれて将来の重要性が一定率 ρ で減衰すると仮定すると，t 期の利潤の現在価値は $e^{-\rho t}\pi(t)$ となり，利潤の現在価値の総和は，
$$\int_0^\infty e^{-\rho t}\left[\frac{1}{b}\{q - d - (p-c)\}(a + \varphi\sqrt{A} - q) - ey + (p-c)(L-y)\right]dt$$
と表現されます。

3.4 最適化問題としての定式化

花形製品の価格，知的資産蓄積のための労働投入量，知的資産蓄積量を戦略変数とすると，解くべき問題は，
$$\text{Max} \int_0^\infty e^{-\rho t}\left[\frac{1}{b}\{q - d - (p-c)\}(a + \varphi\sqrt{A} - q) - ey + (p-c)(L-y)\right]dt$$
with respect to q, y and A

subject to $\dfrac{dA}{dt} = \theta\sqrt{y} - \delta A$

と定式化されます。

3.5 解の導出

以上の分析に基づいて，本節では，解すなわち最適経路を導出します。

一般に，

$Max \int_0^\infty e^{-\rho t} F(x(t), y(t))$

$subject\ to\ \dfrac{dG}{dt} = G(x(t), y(t))$

という条件付き最適化問題を解く場合には，

$e^{-\rho t} F(x(t), y(t)) + \lambda G(x(t), y(t))$

　➡この式はハミルトニアンと呼ばれ，λ はハミルトニアン定数と呼ばれます。

を $e^{-\rho t}$ で割ったもの，

$H = F(x(t), y(t)) + m\ G(x(t), y(t))$　　ただし，$m = e^{\rho t} \lambda$

を現在価値ハミルトニアンと定義し，この現在価値ハミルトニアンを用いて解くことが通例です。なお，このハミルトニアンあるいは現在価値ハミルトニアンにおいて，$x(t)$ および $y(t)$ を操作変数，$G(t)$ を状態変数と呼びます。

　➡ここでは，本節での分析に合わせ，操作変数が2つ，状態変数が1つの場合について説明していますが，各変数ともにいくつあっても分析可能です。

この時，最適化条件は，

① H を操作変数で微分した値がゼロ
② ハミルトニアン定数を時間で微分した値
　　＝割引率×ハミルトニアン定数 − H を状態変数で微分した値

　➡オイラー方程式と呼ばれます。

であるので，数式では，

$\dfrac{\partial H}{\partial x} = \dfrac{dF}{dx} - m \dfrac{dG}{dx} = 0$

$\dfrac{\partial H}{\partial y} = \dfrac{dF}{dy} - m \dfrac{dG}{dy} = 0$

$\dfrac{dm}{dt} - \rho m - \dfrac{\partial H}{\partial G}$

となります。

この方法にならって，現在価値ハミルトニアンを，

$H = \dfrac{1}{b} \{q - d - (p - c)\}(a + \varphi \sqrt{A} - q) - ey + (p - c)(L - y) + m(\theta \sqrt{y} - \delta A)$

と定義すると，1階条件は $\frac{\partial H}{\partial q}=0$ および $\frac{\partial H}{\partial y}=0$ となり，それぞれの条件より，

$$q=\frac{1}{2}(a+\varphi\sqrt{A}+d+p-c)$$
$$y=\frac{m^2\theta^2}{4(p-c+e)^2}$$

が得られ，この時，$x(t)=\frac{1}{b}(a+\varphi\sqrt{A(t)}-q(t))$ に代入することにより，

$$x=\frac{1}{2b}\{a+\varphi\sqrt{A}-(d+p-c)\}$$

が得られます。

他方，オイラー方程式は $\frac{dm}{dt}=\rho m-\frac{\partial H}{\partial A}$ であり，変形することにより，

$$\frac{dm}{dt}=-\frac{\phi}{4b\sqrt{A}}(a+\varphi\sqrt{A}-d-p+c)+(\delta+\rho)m$$

が得られます。

定常均衡点を求めるため，$\dot{m}=0$ および $\dot{A}=0$ を満たす軌跡を求めると，

$\dot{m}=0$　より　$m=\frac{\phi^2}{4b(\delta+\rho)}+\frac{\phi\{4b(\delta+\rho)-\phi\}(a-d-p+c)}{16b^2(\delta+\rho)^2\sqrt{A}}$

$\dot{A}=0$　より　$m=\frac{2}{\theta^2}\delta(p-c+e)A$

となり，それぞれ，図7-3a, b および図7-4のように描かれます。

図7-3a, bは，$\dot{m}=0$ を境として，その上方では m が増加し，下方では b が減少することを意味しており，同様に，図7-4は，$\dot{A}=0$ を境としてその左方では A が増加し，右方では A が減少することを意味しています。

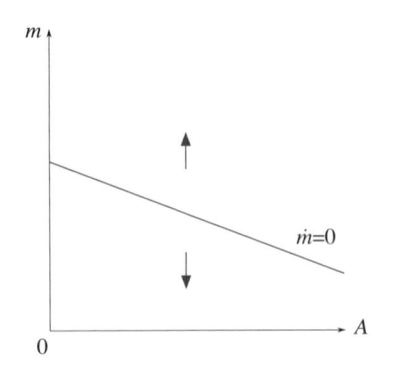

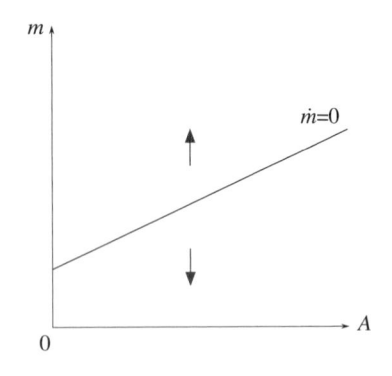

図7-3a　$\dot{m}=0$ の軌跡と m の挙動　　図7-3b　$\dot{m}=0$ の軌跡と m の挙動

補　章　動学分析との接合に向けて

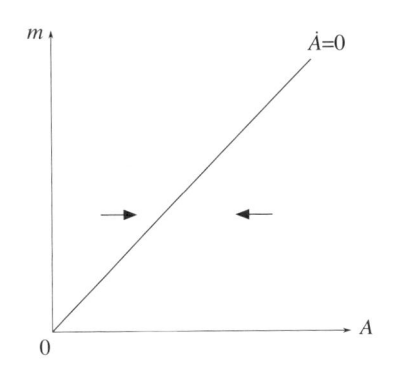

図 7-4　$\dot{A}=0$ の軌跡と A の挙動

　図 7-3a,b および図 7-4 を組み合わせることにより，位相図が図 7-5a, b のように描かれます。最適経路は E へ向かう矢印で示され，E が定常均衡点となります。

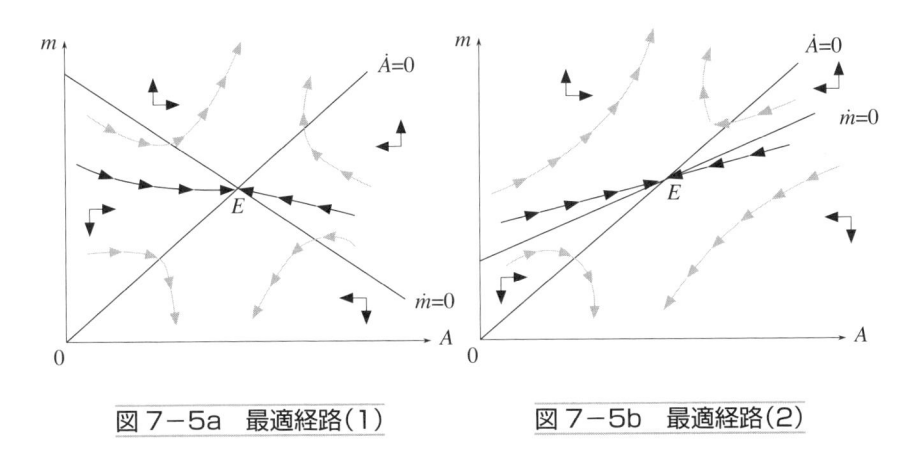

図 7-5a　最適経路(1)　　　図 7-5b　最適経路(2)

3.6　解の性質の考察

　以上より，

CASE 1：$4b(\delta+\rho)>\varphi$ の時は，「A を増加し，m を減少し，それに伴って，x を増加し，y を減少すること」が最適であり

CASE 2：$4b(\delta+\rho)<\varphi$ の時は，「A と m を増加し，それに伴って，x と y

を増加すること」が最適である
と結論づけられます。

3.7　分析結果の具象化

花形製品の価格の上昇に伴う需要の減少が少ない（b が大きい），知的資産の減耗が多い（δ が大きい），将来の重要性が低い（ρ が大きい），知的資産の増加が品質を向上する程度が少ない（φ が小さい）場合には，$4b(\delta+\rho)>\varphi$（CASE 1）が成立しやすいので，その場合には，知的資産の蓄積を減らし，花形製品の生産を増加し，知的資産への労働投入を減らしていくことが最適となります。

他方，花形製品の価格の上昇に伴う需要の減少が多い（b が小さい），知的資産の減耗が少ない（δ が小さい），将来の重要性が高い（ρ が小さい），知的資産の増加が品質を向上する程度が多い（φ が大きい）場合には，$4b(\delta+\rho)<\varphi$（CASE 2）が成立しやすいので，その場合には，知的資産の蓄積，花形製品の生産，知的資産への労働投入を増加していくことが最適となります。

Extention　比較静学

金のなる木の生産費用が低下した場合の，戦略の変化について分析することも可能です。

この場合，$\dot{A}=0$ の軌跡が上方にシフトするので，図7-6a, b のようにシフトします。

CASE 1：$4b(\delta+\rho)>\varphi$ の時は，下方にシフトするので，「知的資産の蓄積を増やし，その後減らしていくことが最適」となります。

CASE 2：$4b(\delta+\rho)<\varphi$ の時は，上方にシフトするので，「知的資産の蓄積を減らし，その後増やしていくことが最適」となります。

補　章　動学分析との接合に向けて

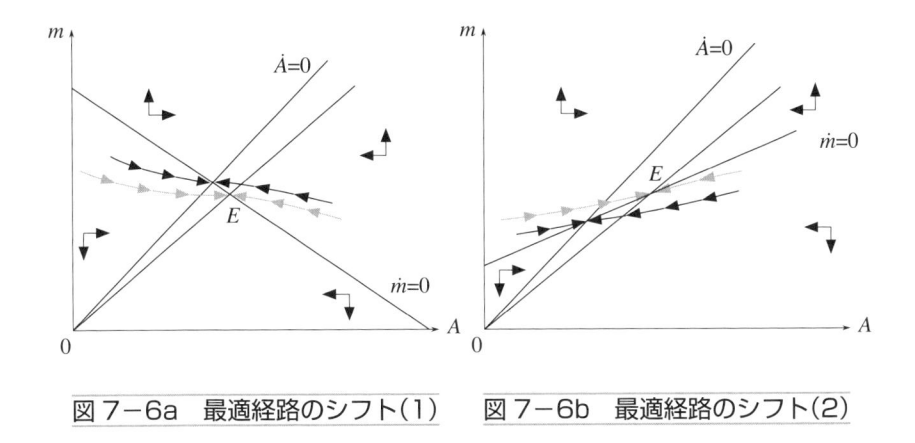

図7-6a　最適経路のシフト(1)　　図7-6b　最適経路のシフト(2)

おわりに

　総合的に考えることの重要性は繰り返し主張されており，たとえば，ジョン・ロック（John Locke, 1632～1704）は，経験的な感性と理性的な思索の重要性を説き，近代経済学の祖アルフレッド・マーシャル（Alfred Marshall, 1842～1924）もまた，冷めた頭脳（cool head）と暖かい心（warm heart）との必要性を唱えていますが，そのような思考の総合化の実践方法について具体的に論じられることは，これまであまりありませんでした。

　他方，芸術においては，作曲法に代表されるように，まさに「統合（compose）」して創造するための手法が確立されており，身体運動についても同様に，全身を効果的に機能させるための技術が蓄積されていますが，ビジネスや政策においては，「分かる人は分かる」という「暗黙知」や「職人芸」，「秘伝」となっており，しかも最近では「分かっている人」と「分かっていない人」の乖離が拡大している——このように感じられることが多くなってきました。

　そこで，本書では，「先づ隗（かい）より始めよ」（『戦国策』）という意識で，また，近年注目を集めている「第2種基礎研究」の精神に基づいて[1]，俯瞰と掘り下げを基礎として，感性をグラフ・図表・数式等によって理性に変換し，モデル分析によって戦略を策定する方法を提案しました。このように，モデル分析を行う前提として，「俯瞰と掘り下げ」および「感性と理性の融合」を重視したことが本書の特徴の1つです。ビジネスにおいては，①鳥の眼，②虫の眼，③獣の眼，④人間の眼，という4つの眼が不可欠と言われていますが[2]，「俯瞰と掘り下げ」は主として①と②に，「感性と理性の融合」は主として③と④に対応しています。

---

[1]　第2種基礎研究とは「具体的目的の実現のために，既存の複数の理論を組み合わせる方法に関する研究」であり，第1種の基礎研究は「観察・実験・計算によって普遍的理論を導く研究」という従来型の基礎研究です。

また,「人間は考える葦である」（パスカル：Blaise Pascal, 1623〜1662）や「我思う　ゆえに我あり」（デカルト：René Descartes, 1596〜1650）に象徴されるように理性を重視し，さらに，戦略という正解のない瓢鯰とした分野に取り組むからこそ，手法については手堅く，理性の究極としての数学的分析を活用したことも本書の特徴です。すなわち，本書では，モデル分析を媒介として経営学と経済学を融合し，条件付き最適化問題の解として戦略を策定することを目指しました。

　興膳宏・京都大学名誉教授（1936〜）によると,「経営」という言葉は元来一種の擬態語であって,「行ったり来たり」や「あれやこれや」を意味していたそうです[3]。他方,「経済」という言葉は経世済民（あるいは経国済民）の略であり，世を経め民を済うことを意味していますので，本書は，経営学・経済学の原点に立ち戻って,「あれやこれや」思索を巡らし有意な戦略を策定することを試みたと言うこともできます。

　これまで意識下にあった,「感性と理性の結びつき」に気づき,「視野の拡大と思索の深化」が習慣化し，あるいは,「創作活動としてのモデル分析」を経験して思弁的知識と実践的知識が結びつき，新鮮な驚きと喜びを感じていただけたら幸いです。

　今やみなさんは1つの型を身につけたのですから,『Harvard Business Review』等の様々なビジネス書誌で語られる種々の手法を取り入れて「俯瞰して掘り下げる」技術を磨くとともに，高度な数学的手法と融合させて補章のような分析をさらに発展させることもできます。あるいは，脳内のイメージを外部に表出する技術を習得すると同時に戦略を立体視できるようになっているので，戦略策定の過程を適切に切り分けて組織を率いるリーダーになることも，自分のポジショニングを定めて他者と共同して知的生産を行うことも可能です。そのようにして本書を血肉化し，本書を離れて戦略立案でき

---

2)　たとえば，西室泰三・元東京証券取引所取締役会長（1935〜）の講演で述べられています。
3)　実際，中国盛唐の詩人・杜甫（712〜770）の「丹青引」という詩において，画家が馬の絵の構図を定めるのに苦心惨憺している様子が「意匠　惨憺たり経営の中」という句として表現されています。

おわりに

るようになることを願っています。

　本書は，慶應義塾大学経済学部・専門課程での担当講義「経済政策のミクロ分析」および研究会（経済政策・応用経済理論）の内容を骨格としています。また，本書をまとめる過程において様々な方々と意見交換をさせていただきました。関わって下さった全ての方々，特に，市川雄司氏（バンタンクリエイティブスクール），金子武司氏（電通），久保田夏彦氏（ナイキ），中嶋寿康氏（公認会計士），能智大介氏（フジテレビ），平田竹男先生（早稲田大学大学院スポーツ科学研究科），松尾豊先生（東京大学大学院工学系研究科），また原稿を精読して下さった谷美里さん（慶應義塾大学大学院経済学研究科），藤田智行君（慶應義塾大学大学院システムデザイン研究科），間仁田康祐君（早稲田大学大学院スポーツ科学研究科），鈴木絢子さん（富山大学医学部），山田衣音子さん（慶應義塾大学大学院メディアデザイン研究科），下野翔平君（慶應義塾大学経済学部），服部祐子さん（慶應義塾大学経済学部），新井紀亮君（慶應義塾大学法学部），辻本侑生君（私立武蔵高等学校），そして，本書執筆の機会および詳細なコメントを下さった慶應義塾大学出版会の喜多村直之氏に感謝いたします。

　最後に，本書は，俯瞰工学を学ばせていただいたことが通底しています。指導して下さった松島克守，東京大学大学院工学系研究科名誉教授に感謝申し上げ，結びとさせていただきます。

　　2011 年春

　　　　　　　　　　　　　　　　　　　　　　　　　　　　藤田康範

文献案内

　本書を読了された今，様々な知識が結合して学習意欲が一層高まっていることと思います。以下の文献にも挑戦し，関心に応じて様々に展開していただければ幸いです。

＜イノベーション思考に関心を持った方々へ＞
黒川清『イノベーション思考法』PHP新書，2008
佐藤可士和『佐藤可士和の超整理術』日本経済新聞社，2007
吉川博之・内藤耕編著『第二種基礎研究』日経BP社，2003

＜俯瞰経営学に関心を持った方々へ＞
松島克守『MOTの経営学』日経BP社，2004
─────『東京大学の俯瞰経営学──技術経営戦略学専攻講義』工業調査会，2009

＜日本・世界の現状と展望に関心を持った方々へ＞
動け！日本タスクフォース編『動け！日本──イノベーションで変わる生活・産業・地域』日経BP社，2003
林謙二『日本のゆくえ　円のゆくえ──悲観論を超えて』同友館，2011
Thomas L. Friedman, *The World is Flat: A Brief History of the Twenty-First Century*, Penguin Books, 2006（伏見威蕃訳『フラット化する世界』普及版＜上・中・下＞，日本経済新聞社，2010）

＜新しい戦略の実例に関心を持った方々へ＞
岸勇希『コミュニケーションをデザインするための本』電通選書，2008
電通「クロスメディア開発プロジェクト」チーム『クロスイッチ──電通式クロスメディアコミュニケーションのつくりかた』ダイヤモンド社，2008
平田竹男『サッカーという名の戦争──日本代表、外交交渉の裏舞台』新潮社，2009
横山寛美『経営戦略ケーススタディ──グローバル企業の興亡』シグマベイスキャピタル，2009

<数理モデル構築に関心を持った方々へ>

日本数理社会学会監修，土場学・小林盾・佐藤嘉倫・数土直紀・三隅一人・渡辺勉編著『社会を"モデル"でみる——数理社会学への招待』勁草書房，2004

Hal R. Varian, 'How to Build an Economic Model in Your Spare Time,' *The American Economist*, Vol. 41, No. 2, Fall, 1997

<ミクロ経済理論に関心を持った方々へ>

奥野正寛・鈴村興太郎『ミクロ経済学』＜Ⅰ＞岩波書店，1985

————『ミクロ経済学』＜Ⅱ＞岩波書店，1988

Jack Hirshleifer, Amihai Glazer and David Hirshleifer, *Price Theory and Applications: Decisions, Markets, and Information*, 7 edition, Cambridge University Press, 2005

<経済理論の応用としての産業政策・環境政策に関心を持った方々へ>

伊藤元重・奥野正寛・清野一治・鈴村興太郎『産業政策の経済分析』東京大学出版会，1988

細江守紀『応用ミクロ経済分析』有斐閣ブックス，1990

三浦功・藤田敏之編『グローバリゼーションと地域経済・公共政策（1）——理論・ミクロ政策分析』九州大学出版会，2003

Jean Tirole, *The Theory of Industrial Organization*, The MIT Press, 1988

<経済理論の応用としての経営戦略に関心を持った方々へ>

浅羽茂著『経営戦略の経済学』日本評論社，2004

丸山雅祥『経営の経済学』有斐閣，2005

David Besanko, Mark Shanley, David Dranove and Scott Schaefer, *Economics of Strategy*, John Wiley & Sons（奥村昭博・大林厚臣訳『戦略の経済学』ダイヤモンド社，2002）

<最適停止理論や最適制御理論に関心を持った方々へ>

Avinash K. Dixit and Robert S. Pindyck, *Investment under Uncertainty*, Princeton University Press, 1994（川口有一郎・谷下雅義・堤盛人・中村康治・長谷川専・吉田二郎訳『投資決定理論とリアルオプション——不確実性のもとでの投資』エコノミスト社，2002）

Morton I. Kamien and Nancy L. Schwartz, *Dynamic Optimization: The Calculus of Variations and Optimal Control in Economics and Management*, Elsevier Science, 1991

＜会社設立に関心を持った方々へ＞
中嶋寿康監修，アデッセ・藤田康範研究室著『図解入門ビジネス　最新株式公開の基本と実務がよーくわかる本』秀和システム，2006
『新・会社法実務問題シリーズ』中央経済社

　また，関連する学会としては，ビジネスモデル学会，応用経済学会等がありますので，ウェブサイトをご覧になることをお薦めします。

藤田 康範（ふじた　やすのり）
慶應義塾大学経済学部教授
慶應義塾大学経済学部卒業。同大学院経済学研究科修士課程修了。慶應義塾大学経済学部研究助手，郵政研究所客員研究員，慶應義塾大学経済学部専任講師，同准教授を経て現職。博士（工学）東京大学。専門は，応用経済理論・経済政策。
主要著作：『よくわかる経済と経済理論』（学陽書房，2003 年），『よくわかる金融と金融理論』（学陽書房，2004 年），『マクロ経済理論の基礎』（慶應義塾大学出版会，2008 年），『現代の金融市場』（黒坂佳央・藤田康範編著，慶應義塾大学出版会，2009 年），『ビギナーズ　ミクロ経済学』（ミネルヴァ書房，2009 年），『経済・金融のための数学』（シグマベイスキャピタル，2009 年），『Wall Street の英語』（シグマベイスキャピタル，2010 年），『ビギナーズ　マクロ経済学』（ミネルヴァ書房，2009 年）ほか。

経済戦略のためのモデル分析入門

2011 年 7 月 20 日　初版第 1 刷発行

著　者─────藤田康範
発行者─────坂上　弘
発行所─────慶應義塾大学出版会株式会社
　　　　　　〒108-8346　東京都港区三田 2-19-30
　　　　　　TEL〔編集部〕03-3451-0931
　　　　　　　　〔営業部〕03-3451-3584〈ご注文〉
　　　　　　　　　〃　　03-3451-6926
　　　　　　FAX〔営業部〕03-3451-3122
　　　　　　振替　00190-8-155497
　　　　　　http://www.keio-up.co.jp/
装　丁─────後藤トシノブ
印刷・製本────株式会社加藤文明社
カバー印刷────株式会社太平印刷社

Ⓒ 2011 Yasunori Fujita
Printed in Japan　ISBN 978-4-7664-1853-8

慶應義塾大学出版会

マクロ経済理論の基礎

藤田康範著

国民所得論を中心に、経済のしくみと動きを丁寧に解説した初学者・独習者に最適の一冊。本文2色刷りで図表やグラフを数多く掲載し、数式が苦手な人にも分かりやすい丁寧な解説など、理解しやすい様々な工夫を施した入門書。

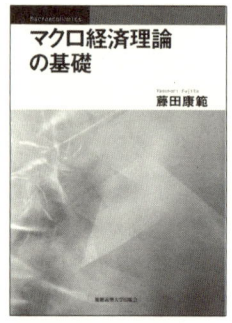

A5判/並製 152頁
ISBN978-4-7664-1514-8
●1800円

◆ひと目で分かる大きなグラフを数多く掲載
◆数式の苦手な人でもスラスラ分かる丁寧な解説
◆通学・通勤の短時間でも学べる個別項目型の構成
◆詳しい解答付きの計算問題を例題として掲載
◆段階的に理解を深める様々なコラム
◆『In Detail』では言葉の意味を学ぶ
◆『Note』では発展的に学ぶ
◆『Discussion』ではじっくり取り組む

表示価格は刊行時の定価です。

慶應義塾大学出版会

慶應義塾大学経済学部 現代金融論講座

1 金融資産市場論

吉野直行・藤田康範編　政策・行政担当者と金融事業を営む実務家が、金融資産市場を取り巻く環境の変化を論じながら、各金融業態がどのような行動をしているのか、金融市場の発達、海外での資金運用などについて、現場の実情を紹介する。　●2400円

2 信託・証券化ファイナンス

吉野直行編著　信託の最近の動向と問題点について、金融政策、金融法、信託会計の専門家と金融商品を取り扱う実務家が、信託の証券化から信託税制やイスラム法上の資金調達まで多角的に論じる。　●2200円

3 金融投資サービス論

吉野直行編　実務家が語るリーマン・ショックへの対応。金融商品、金融政策、金融市場等の各分野でリーマン・ショックがどのように受け止められ、どのように対処されたか、専門的な実務経験をもつ講師陣が報告する。　●2300円

4 金融資産市場論Ⅱ

吉野直行・藤田康範編　米国金融危機後の金融市場を取り巻く環境の変化、それぞれの金融業態の行動について、各金融業界の専門家による講義を収録。金融資産市場でのプレーヤー、政策当局、金融活動を営む企業・個人の動きに焦点をあてて解説。　●2300円

表示価格は刊行時の本体価格（税別）です。

慶應義塾大学出版会

信金中央金庫寄付講座 中小企業金融論　全3巻

1 中小企業金融と日本経済

吉野直行・藤田康範・土居丈朗編　政策金融、不良債権処理、企業の整理・再建といった中小企業を取り巻く金融の動きを金融行政の担当者と金融機関の実務家が政策的視点から解説する。　●2200円

2 中小企業の現状と中小企業金融

吉野直行・渡辺幸男編　中小企業金融機関の関係者と中小企業経営者が、中小企業金融の特徴、中小企業の活力ある行動など借手の立場にある中小企業の実際の活動内容を解説する。　●2200円

3 中小企業金融と金融環境の変化

吉野直行・藤田康範編　金融行政の担当者と金融機関の実務家が、民間金融機関の革新の動きと地方における地域金融機関の役割を率直に語る。　●2500円

表示価格は刊行時の本体価格（税別）です。

慶應義塾大学出版会

はじめて学ぶ経営経済学

前田章著　ミクロ経済学の一般的なトピックは全てカバーした2色刷りの入門教科書。「経営戦略論」「企業財務」「意思決定論」など、欧米のMBAコースにおける応用分野を意識した構成で、ビジネスマンの要望に応えます。難解な数式や学術専門用語は極力使わないように配慮しました。パワーポイントによる要点解説をページの半分に配し、すっきりと頭にはいる構成です。

●2000円

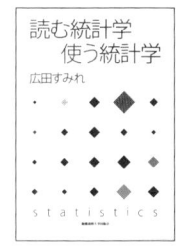

読む統計学　使う統計学

広田すみれ著　本書は政治学・経済学・社会学など社会科学系の学問をしようとする人に向けた、統計学の基礎を学ぶための1冊。社会の事象を説明する学問としての統計学という側面を強調し、理論とのつながりをわかりやすいことばで説明。必要な箇所だけ引いて学べる自学自習型。　　●2400円

統計学基礎講義

秋山裕著　実証分析の中心である回帰分析を軸に最短での理解を目指すテキスト。社会事象の分析ツールや経済理論モデルの基礎として重要な統計学を、最短距離で使えるようになるための中級教科書。各章附録では、Excelを例に、表計算ソフトの使い方も概説。また、巻末には、練習問題の懇切丁寧な解説付き。

●3500円

表示価格は刊行時の本体価格（税別）です。

慶應義塾大学出版会

レポート・論文の書き方入門 第3版

河野哲也著　1997年に初版を刊行して以来計4万部以上のロングセラーとなっている好評な学習実用書の増補改訂版。旧版で好評を博した、レポートや論文作成の基本知識と新しい練習方法に加え、インターネットを使った資料検索の方法や、情報倫理の問題、インターネット上の著作権の扱いなどについて学生が注意すべき点をまとめた項目を増補。　●1000円

レポート・論文の書き方 上級 改訂版

櫻井雅夫著　1998年発行のロング＆ベストセラーの改訂版。学術論文の「ルール」を詳細に解説。特に、文献の引用・注の書き方の説明とそこに挙げられたあらゆる場合の実例は類書にはみられない充実度。改訂版では、読者の要望が強かった、引用・注の具体例が一覧できる章やインターネットで得た資料の引用方法などを増補。　●1800円

アカデミック・スキルズ
大学生のための知的技法入門

佐藤望編著／湯川武・横山千晶・近藤明彦著　研究テーマの決め方は？　レポート・論文の書き方は？　アカデミック・スキルズとは、大学生のための学びの技法。研究テーマの決め方、情報の探し方、まとめ方、文章の書き方、プレゼンテーションのやり方などを具体的かつわかりやすく伝授する。　●1000円

表示価格は刊行時の本体価格（税別）です。